Ami Ami Dogs

編み犬の毎日

ほし みつき

ミニチュア・ダックスフント⇨p.54
ハウス、えさ入れ、えさ⇨p.70

文化出版局

たった1本の毛糸からかぎ針1本で、さまざまな犬が編めてしまいます。

好きな犬種を好みの糸の太さで自由に編んでください。

きっと自分だけの編み犬の世界が広がることでしょう。

CONTENTS

Chihuahua	04	チワワ
Welsh Corgi	06	ウェルシュ・コーギー
Shiba	08	柴
Cavalier King Charles Spaniel	10	キャバリア・キング・チャールズ・スパニエル
Miniature Dachshund	12	ミニチュア・ダックスフント
Siberian Husky	14	シベリアン・ハスキー
Labrador Retriever	16	ラブラドール・レトリーバー
Maltese	18	マルチーズ
Miniature Schnauzer	20	ミニチュア・シュナウザー
French Bulldog	22	フレンチ・ブルドッグ
Beagle	24	ビーグル
Pug	26	パグ
Cellular phone Accessories	28	携帯ストラップ
	30	編み犬ができるまで

Chihuahua
チワワ⇨p.46

Welsh Corgi

ウェルシュ・コーギー⇨p.48

左=フォーン、右=トライカラー

Shiba

柴⇨p.30

Cavalier King Charles Spaniel

キャバリア・キング・チャールズ・スパニエル⇨p.50

左=トライカラー、右=ブレンハイム

Miniature Dachshund

ミニチュア・ダックスフント ⇨ p.54

左から時計回りに
レッド、クリーム、ブラック&タン、チョコ&クリーム

Siberian Husky
シベリアン・ハスキー⇨p.56

Labrador Retriever
ラブラドール・レトリーバー⇨p.53

Maltese
マルチーズ⇨p.58

Miniature Schnauzer

ミニチュア・シュナウザー⇨p.62

左=ブラック&シルバー、右=ソルト&ペッパー

French Bulldog

フレンチ・ブルドッグ⇨p.64

Beagle

ビーグル⇨p.59

Pug

パグ⇨p.66

Cellular phone Accessories

携帯ストラップ⇨p.68

編み犬ができるまで

この本で紹介している編み犬は、基本的に編み方が共通になっています。
ですから、まずこの柴一匹を編めればすべての犬に応用できます。
あとは各ページの編み図を見ながら、指示に従って色の違う糸に替えてください。
下の写真の3匹は編み方が全く同じですが、糸の太さが違うだけでこれだけの差が出てきます。
お座りしている姿勢で、頭からお尻までの寸法が、左から約5.5cm、8.5cm、12.5cmです。
目次のページの柴は中サイズの約8.5cmですので、他の犬の大きさの目安にしてください。

材料(中の柴の場合)

並太毛糸の茶色と白
化繊綿
目　6mmの山高ボタンの黒2個
鼻　12mmの黒1個
＊詳細はp.32の材料を参照

用具

4/0号かぎ針
とじ針
はさみ
瞬間接着剤

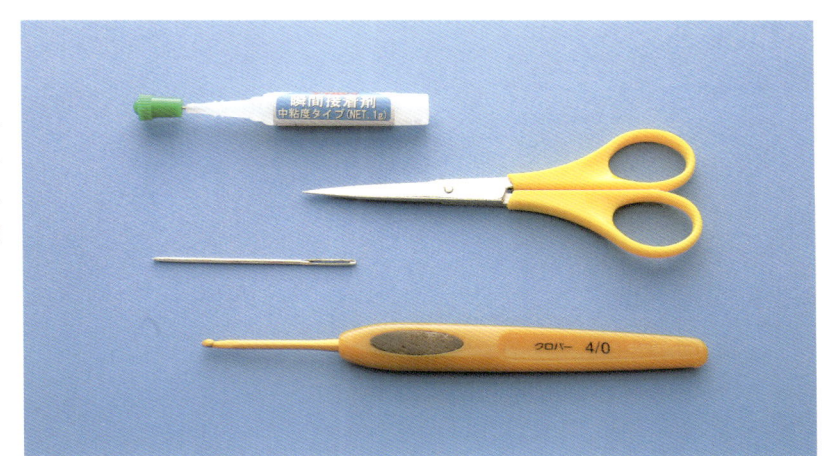

毛糸の太さとかぎ針の関係

編み犬の小(体長約6cm)＝
中細毛糸、3/0号かぎ針

ストラップの中(体長約5.5cm)＝
中細毛糸、3/0、2/0号かぎ針

ストラップの小(体長約3.5cm)＝
合細毛糸、2号レース針

柴

⇨写真8、30ページ

＊大、中、小とも編み方は共通

＊材料

[大]（糸＝ハマナカ）
かわいいなかま〈プチ〉のベージュ(8) 23g、白(1) 12g
化繊綿
8mmの山高ボタン（黒）を2個
15mmの鼻（黒）を1個

[中]（糸＝後正産業）
ピエロ純毛並太・2の茶色(30) 17g、白(1) 8g
化繊綿
6mmの山高ボタン（黒）を2個
12mmの鼻（黒）を1個

[小]（糸＝ハマナカ）
純毛中細の茶色(4) 5g、白(1) 4g
化繊綿
4mmの目（黒）を2個
9mmの鼻（黒）を1個

＊用具

[大]かぎ針6/0号
[中]かぎ針4/0号
[小]かぎ針3/0号

＊作り方順序

1　各パーツを編む
2　頭と体、足に綿を入れる
3　頭に目とまゆげをつける
4　口に鼻をつけ、綿を入れる
5　頭に口を巻きかがりでつける
6　頭に体を巻きかがりでつける
7　体に足を巻きかがりでつける
8　頭と体に耳としっぽを巻きかがりでつける

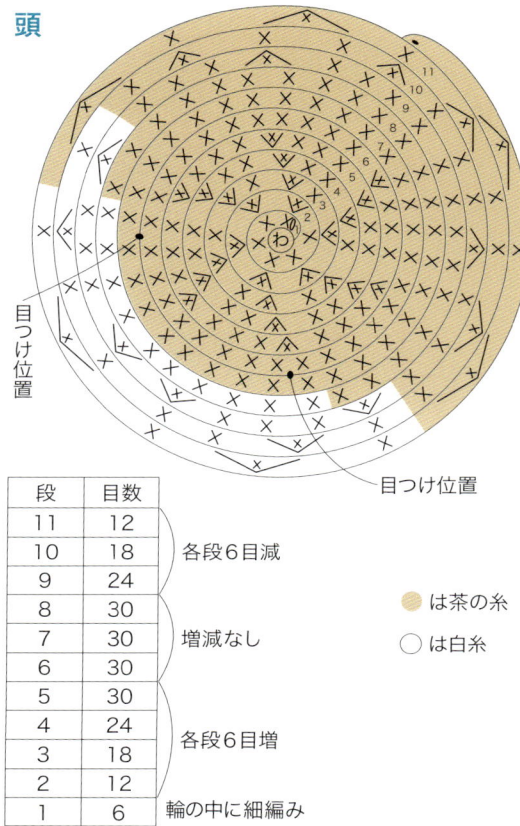

頭

段	目数	
11	12	各段6目減
10	18	
9	24	
8	30	増減なし
7	30	
6	30	
5	30	
4	24	各段6目増
3	18	
2	12	
1	6	輪の中に細編み

● は茶の糸
○ は白糸

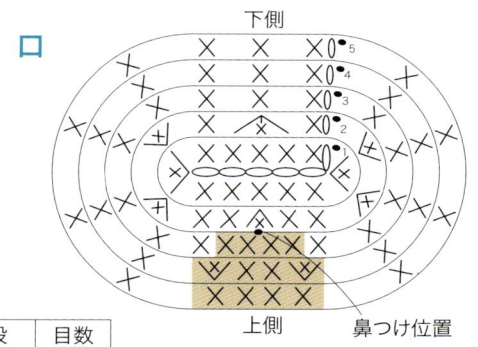

口

段	目数	
5	15	増減なし
4	15	2目減
3	17	増減なし
2	17	3目増
1	14	鎖5目の回りに細編み

＊編み目記号はp.45参照

体

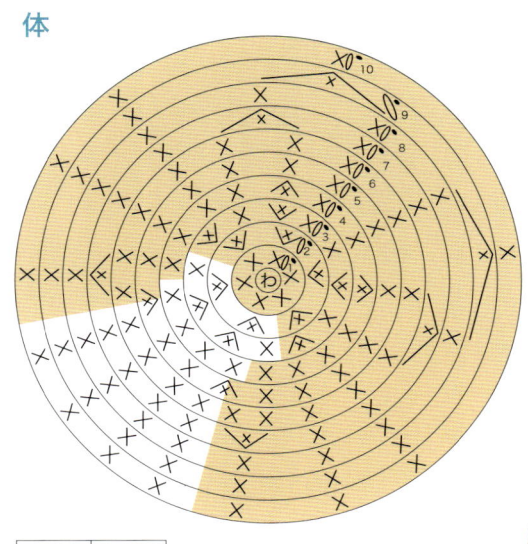

段	目数	
10	12	増減なし
9	12	2目減
8	14	増減なし
7	14	4目減
6	18	増減なし
5	18	2目増
4	16	2目減
3	18	各段6目増
2	12	
1	6	輪の中に細編み

耳

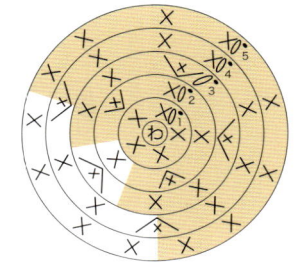

(2枚)

段	目数	
5	12	増減なし
4	12	2目増
3	10	3目増
2	7	2目増
1	5	輪の中に細編み

足

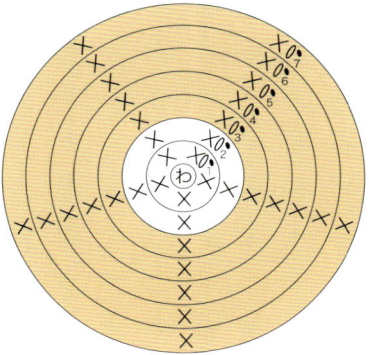

前足(2本)

段	目数	
7	5	増減なし
～	～	
2	5	
1	5	輪の中に細編み

後ろ足(2本)

段	目数	
6	5	増減なし
～	～	
2	5	
1	5	輪の中に細編み

しっぽ

段	目数	
2	5	
1	6	鎖6目の上に細編み

各パーツつけ位置

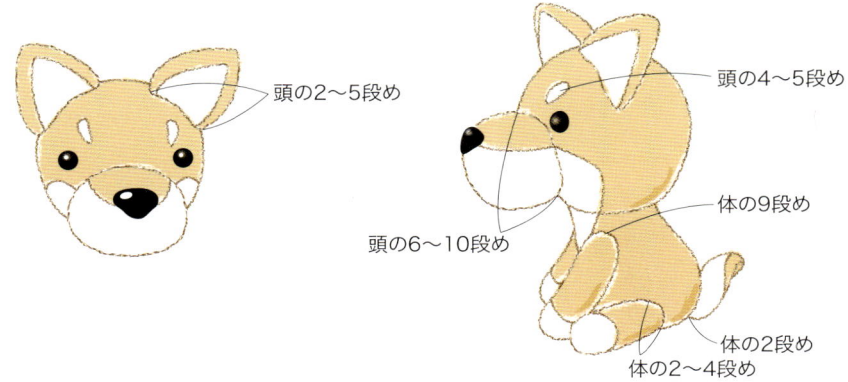

頭の2～5段め
頭の4～5段め
頭の6～10段め
体の9段め
体の2段め
体の2～4段め

頭を編む

輪の作り目を作る

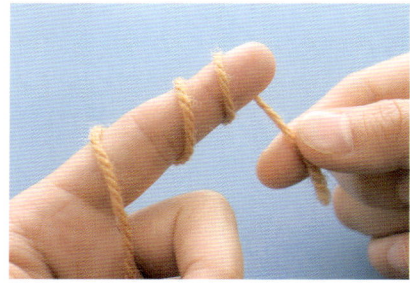

1 輪の作り目を作るために、人さし指に糸を2回巻きつける。

2 糸端は手前側に人さし指と中指ではさんで押さえ、輪の中にかぎ針を入れて、左端の糸を引っかける。

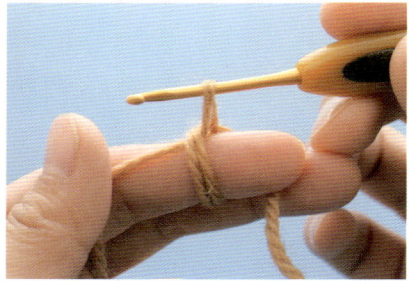

3 かぎ針を引き抜いて指にかかっている輪を引き締める。

立上りの鎖目を編む

1 もう一度同じように、糸をかけて引き抜く。

2 これで立上りの鎖目が編めたところ。

3 鎖目ができたら人さし指を抜いて、その人さし指に編んでいく糸をかける。左手の薬指と小指の間に糸をはさむと編みやすい。

細編みを編む（1段め）

1 輪の中にかぎ針を入れて糸をかける。

2 かけた糸を輪の中に入れて引き出す。かぎ針にもう一度糸をかけて2目を一緒に引き抜く。

3 引き抜いたところ。これで細編み1目の完成。

4 同じように輪の中にかぎ針を入れて糸をかける。

5 かけた糸を輪の中に入れて引き出す。

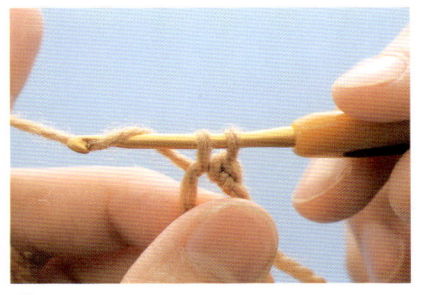

6 糸をかけて針にかかっている2目にくぐらせる。

7 糸を引き抜いたところ。これで細編み2目めの出来上り。

8 同じようにして、細編み6目を編み入れる。

9 6目編み上がったところ。ここでかぎ針にかかっていた輪を大きくして、いったんかぎ針をはずす。

輪を引き締める

1 まず、編始めの糸端を引いてみる。2本の輪の引っ張られるほうの輪を引いて輪を締めていく。

2 引き締めたら、編始めの糸端を引いてもう一方の輪も引き締める。

3 輪が引き締められ、これで1段めが編めたところ。輪を引き締めてかぎ針を通す。

立上りなしで編む（2段め）

1 最初の細編みの目にかぎ針を入れる。

2 かぎ針に1段めの4〜6のように糸をかけて、引き抜いて細編みを編む。

3 2段めの1目が編めたところ。

2目編み入れる

1 2段めは1段めの6目に細編みを1目の中に2目ずつ編み入れて（p.32参照）6目増の12目にする。

糸の替え方

1 3段めから5段めまで増し目をしながらぐるぐると編み（p.32参照）、6〜8段めは増し目をしないで編み、8段めの途中で糸を替える。

2 8段めの10目めにかぎ針を入れて糸をかけて引き出す。

3 色の違う糸を指にかけて、かぎ針に引っかける。このように糸を替えたい目の一つ前の目の途中で替える。

4 針にかかった2目を一緒に引き抜き、細編みを編んでいく。

5 白の10目めにきたら、休めていた茶色の糸を指にかけて3、4と同じように引き抜いて糸を替える。

6 裏にはこのように糸が渡っている。この渡っている糸が引っ張られすぎると表側がつれてしまうので、注意する。

2目一度を編む

1 9段めからは2目一度を編んで、減し目をしていく。まず1目に針を入れて糸をかける。

2 かけた糸を引き出す。

3 次の目にもう一度針を入れ、糸をかけて引き出す。これで針に3目かかった状態になる。

4 3目を一緒に引き抜く。これが2目一度の細編み。

5 編み図の指示に従って(p.32参照)、2目一度と細編みを繰り返して目数を減らしていく。

6 11段まで編んだところ。

引抜き編みを編む

1 最後に引抜き編みをする。隣の目にかぎ針を入れ、糸を引き出す。

2 針にかかっている左の糸をさらに引き抜く。

3 輪から糸を引き出して、糸を切る。

4 糸を引いて締める。

口を編む

鎖目の作り目

1 針に糸を向う側から手前にかけ、針を手前から向うに1回転ひねり、糸をかけて引き抜く。

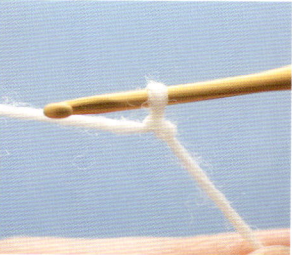

2 引き抜いたところ。

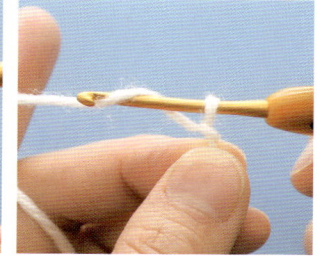

3 かぎ針に糸をかけて引き抜く。

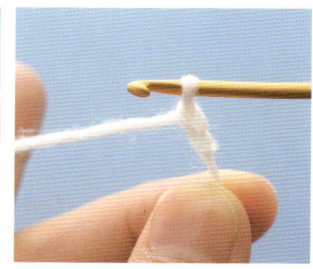

4 これで鎖編み1目ができたところ。

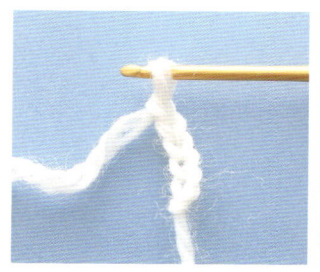

5 3、4を繰り返し、5目鎖編みを編む。

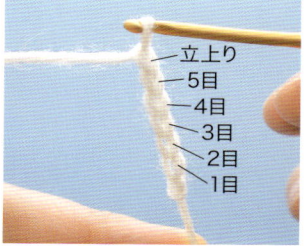

6 次に立上りの鎖目を1目編む。

細編みを編む

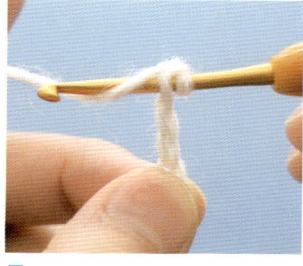

1 鎖目に細編みを編んでいく。5目めの鎖目の裏側の山に針を入れ、糸をかける。

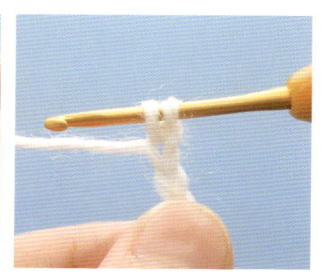

2 かけた糸を引き出す。

3 針に糸をかけ、2目を一緒に引き抜く。

4 引き抜いたところ。これで鎖編みに細編みが1目編まれた。

5 同じようにして、鎖目の裏側の山に細編みをあと4目編み入れる。

6 端まできたら細編み2目を編み入れて（p.71参照）増し目をする。

引抜き編みを編む

7 2目編み入れたところ。反対側も編んでいく。

8 一周編んで端まできたら、細編み2目を編み入れる。

1 1段めの1目めに針を入れて糸を引き出す。

2 針にかかっている左の糸をさらに引き抜く。

2段めを編む

3 引抜き編みができたところ。これで1段めの完成。

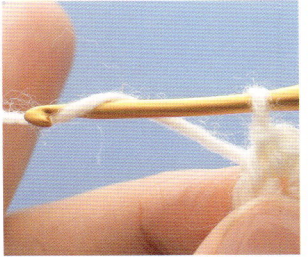

1 2段めはまず、立上りの鎖目を編む。

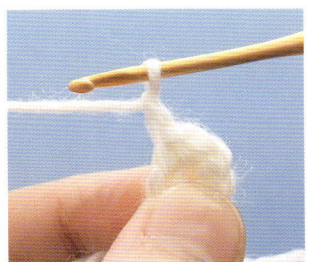

2 立上りの鎖目が1目編めたところ。

3 次に、細編みを1目編む。

3目一度を編む

1 3目それぞれに針を入れて、糸を引き出し、針にかける。針には4目かかった状態。

2 針にかかった目を一度に引き抜く。これが細編み3目一度(p.71参照)。

3段めを編む

1 3段めからは途中で糸を替えて編む。

2 5段めまで編んで、口の編上り。

39

綿を詰める

頭と体に綿をしっかり詰める。

足などの細い部分はつまようじなどで詰めるといい。

頭を作る

目をつける

1 とじ針に白糸を通し、後ろから針を出して目を通す。糸端は玉止めをしておく。

2 糸を出したところに針を戻して、もう一方の目の位置に針を出す。

3 同じように目をつけて後ろ側に針を抜く。

まゆげをつける

1 目をつけた糸で続けてまゆげをつける。後ろ側に抜いた糸をまゆげの位置に針を出し、3回ストレート・ステッチをする。

2 続けてもう一方のまゆげの位置に針を出す。

3 3回ストレート・ステッチをしたら、下側にいったん針を出す。

鼻をつける

4 前から後ろにもう一度針を出し、糸を引きながらはさみで切る。こうすると糸が潜り込んで抜けにくい。

5 目とまゆげがついたところ。

1 鼻のパーツの根もとに瞬間接着剤をつけ、口に差し込む。

口をつける

2 口の段の色の変わり目に、三角形が下になるようにつける。鼻をつけたら、綿を詰める。

1 とじ針に編終わりの糸を通して、その糸で頭に巻きかがりでつける。

2 口がついたところ。

各パーツをつける

体をつける

足をつける

耳としっぽをつける

同じように体を頭に巻きかがりでつける。

前足と後ろ足をつける。

耳としっぽをつけて完成。

目と鼻の種類いろいろ

目は3〜9mm、鼻は4.5〜15mmまでいろいろな種類がある。
黒い目の6mmと8mmは山高ボタンを使っている。
その他はぬいぐるみ用の目と鼻を使用。

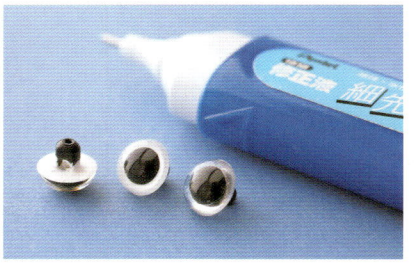

目の回りをくっきりとさせたいときは
裏側に修正ペンで白く塗る。

おもり

お座りの犬の場合、座りをよくするために、綿だけでなく、お尻の部分にペレットやナットなど重みのあるものを入れると安定する。

編み犬を初めて編むかたに

*編み目記号について
各ページの編み方は記号図で表わされています。記号は下記を参照してください。記号図どおりに1段めから順に編んでいきましょう。編み方は柴のプロセス（34～40ページ）と71ページをあわせてごらんください。

○	鎖編み
×	細編み（こまあみ）
⩔	細編み2目編み入れる
⩓	細編み2目一度
⩕	細編み3目一度
●	引抜き編み
⨯	筋編み（すじあみ）

*材料について
この本では30ページの右端の柴のみ大の大きさ、28、29ページのストラップが小の大きさでそのほかはすべて中の大きさになっています。
使用している毛糸は各ページに指示がありますが、好みの太さの糸で編んでいろいろな大きさを作ってみるのもいいでしょう。

*用具について
各犬の作り方ページにはかぎ針の太さしか指示がありません。そのほかにとじ針、はさみ、瞬間接着剤がすべてに共通して必要なので、31ページからのプロセスページで確認してください。

*作り方順序について
すべて柴の作り方プロセスに合わせていますが、耳や足、しっぽなどの各パーツはつけやすい順番に変更してもかまいません。各パーツをつける位置は作り方ページを参考にし、バランスを見ながら好みの位置につけてください。

*頭の編み方について
頭の編み方はぐるぐる編みといって、次の段にいくときに、立上りをつけずぐるぐると編んでいきます。ですから編んだ段数を数えるのにわからなくなってしまうことがあります。1段めから2段めを編むときに違う色の糸で編始めのところに通して目印をつけておくといいでしょう。また、段数リングという用具もあるので、それを利用するのも便利な方法です。

チワワ　⇨写真4ページ

*伏せ犬の体と足は柴と同じに単色で編む

*材料(糸＝ハマナカ)
アーバンライフ　クラフトモヘアの白(1)
[立ち犬]は15g　[伏せ犬]は14g
化繊綿
8mmの山高ボタン(黒)を各2個
12mmの鼻(黒)を各1個

*用具
かぎ針4/0号

*作り方順序
[立ち犬]
1　各パーツを編む
2　頭と体、足に綿を入れる
3　頭に目をつける
4　口に鼻をつけ、綿を入れる
5　頭に口を巻きかがりでつける
6　体の最後の段に残り糸を通し、絞ってとめる
7　頭の最後の段に残り糸を通し、軽く絞って体に巻きかがりでつける
8　体に足を巻きかがりでつける
9　頭と体に耳としっぽを巻きかがりでつける
[伏せ犬]
1〜5は同じ
6　頭の最後の段に残り糸を通して絞ってとめ、体を頭の横に巻きかがりでつける
後は8、9と同じ

頭

段	目数	
12	12	各段6目減
11	18	
10	24	増減なし
9	24	6目減
8	30	増減なし
7	〜	
6	30	
5	30	
4	24	各段6目増
3	18	
2	12	
1	6	輪の中に細編み

立ち犬の体

段	目数	
15	6	6目減
14	12	4目減
13	16	増減なし
〜	〜	
4	16	
3	16	4目増
2	12	6目増
1	6	輪の中に細編み

立ち犬の足

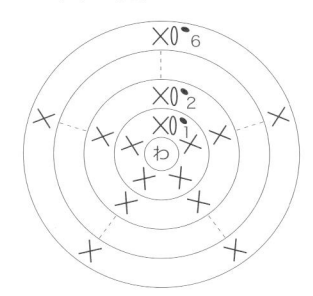

(4本)

段	目数	
6	5	増減なし
〜	〜	
2	5	
1	5	輪の中に細編み

しっぽ

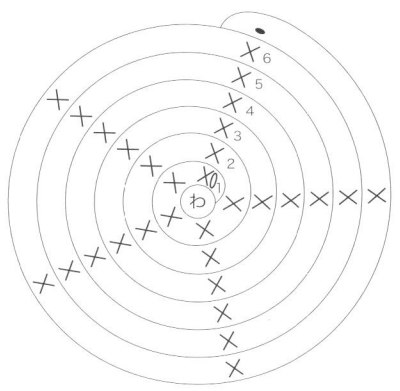

段	目数	
6	5	増減なし
〜	〜	
2	5	
1	5	輪の中に細編み

口

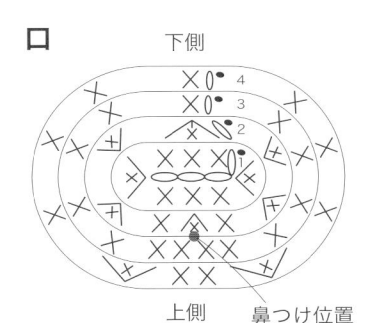

下側
上側
鼻つけ位置

段	目数	
4	11	2目減
3	13	増減なし
2	13	3目増
1	10	鎖3目の回りに細編み

耳

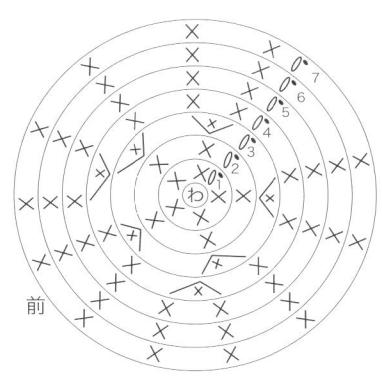

前

(2枚)

段	目数	
7	12	増減なし
6	〜	
5	12	
4	12	2目増
3	10	5目増
2	5	増減なし
1	5	輪の中に細編み

各パーツつけ位置

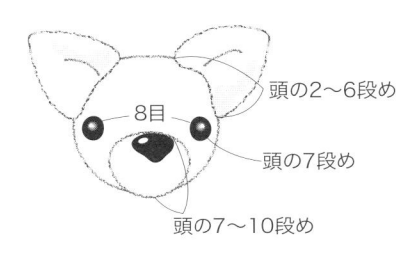

8目
頭の2〜6段め
頭の7段め
頭の7〜10段め

*伏せ犬
頭の9〜11段め
体の3〜4段め
体の9段め
体の2段め

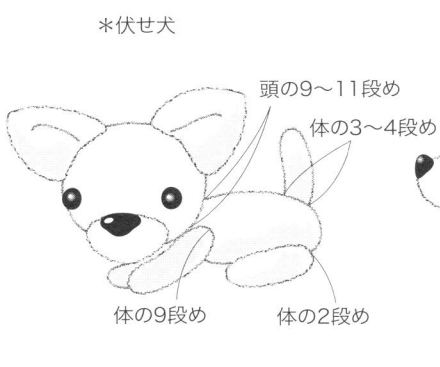

*立ち犬
体の14〜15段め
体の3〜6段め
体の12〜14段め
体の3〜5段め

47

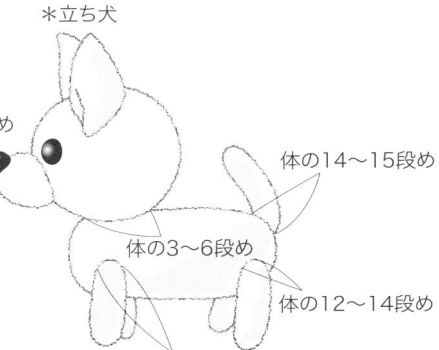

ウェルシュ・コーギー ⇨写真6ページ

＊口は柴と同じに白1色で編む。
トライカラーの耳はシベリアン・ハスキーと同じ

＊材料(糸＝ハマナカ)
[フォーン]
アーバンライフ　クラフトモヘアの
ベージュ(10) 10g、白(1) 4g
化繊綿
6mmの山高ボタン(黒)を2個
12mmの鼻(茶色)を1個
[トライカラー]
アーバンライフ　クラフトモヘアの黒(16) 10g、
白(1) 4g、茶色(11) 3g
化繊綿
9mmのプラスチックアイ(茶色)を2個
12mmの鼻(黒)を1個

＊用具
かぎ針4/0号

＊作り方順序
[フォーン]
1　各パーツを編む
2　頭と体に綿を入れる
3　頭に目をつける
4　口に鼻をつけ、綿を入れる
5　頭に口を巻きかがりでつける
6　体の最後の段に残り糸を通し、
　　絞ってとめる
7　頭の最後の段に残り糸を通し、
　　軽く絞って体に巻きかがりでつける
8　体に足を巻きかがりでつける
9　頭と体に耳としっぽを巻きかがりでつける
[トライカラー]
3で目をつけた後、まゆげをつける。
それ以外は同じ

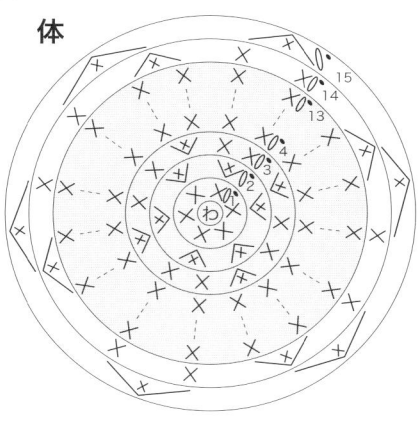

体

段	目数	
15	6	6目減
14	12	4目減
13	16	
〜	〜	増減なし
4	16	
3	16	4目増
2	12	6目増
1	6	輪の中に細編み

☐ は白
☐ はベージュまたは黒

フォーンの耳

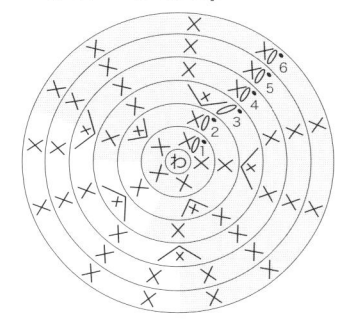

(2枚)

段	目数	
6	12	増減なし
5	12	
4	12	2目増
3	10	3目増
2	7	2目増
1	5	輪の中に細編み

☐ はベージュ　☐ は白

足

(4本)

段	目数	
4	6	
3	〜	増減なし
2	6	
1	6	輪の中に細編み

しっぽ

段	目数	
1	5	輪の中に細編み

☐ は白
☐ はベージュまたは黒

頭

フォーン　　　　　　　　　　　　　　　　　トライカラー

目つけ位置

□ は白
□ はベージュまたは黒
■ は茶色

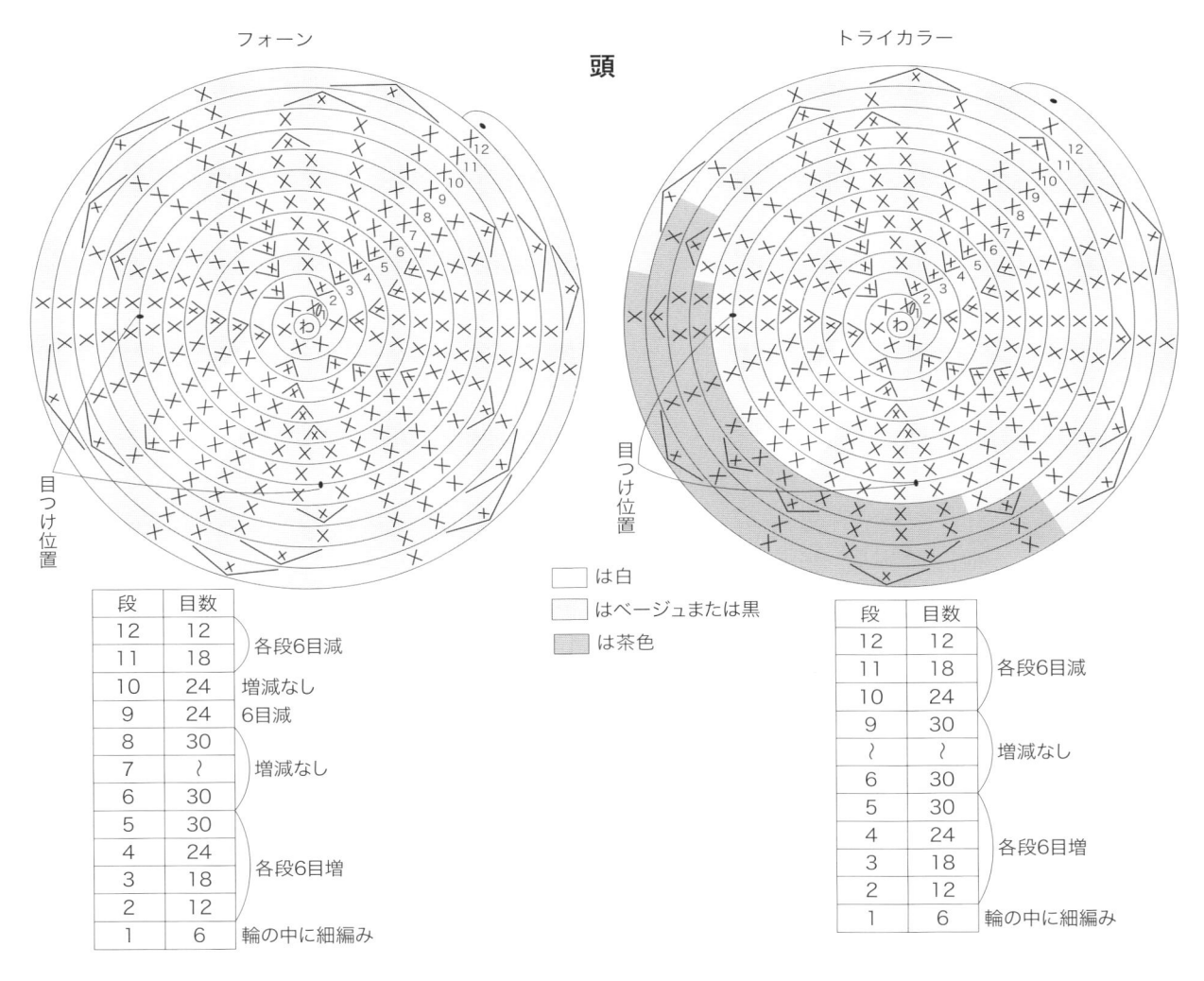

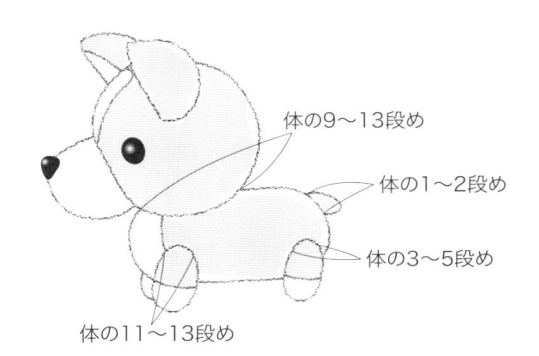

目つけ位置

段	目数	
12	12	各段6目減
11	18	
10	24	増減なし
9	24	6目減
8	30	
7	〜	増減なし
6	30	
5	30	
4	24	各段6目増
3	18	
2	12	
1	6	輪の中に細編み

段	目数	
12	12	各段6目減
11	18	
10	24	
9	30	
〜	〜	増減なし
6	30	
5	30	
4	24	各段6目増
3	18	
2	12	
1	6	輪の中に細編み

各パーツつけ位置

トライカラーは茶色で頭の5〜6段めに刺繍

頭の2〜5段め

頭の7〜11段め

体の9〜13段め

体の1〜2段め

体の3〜5段め

体の11〜13段め

キャバリア・キング・チャールズ・スパニエル

⇨写真10ページ

＊口とブレンハイムの足は柴と同じに白1色で編む。
トライカラーの足はチワワの立ち犬と同じ

＊材料
［ブレンハイム］（糸＝ハマナカ）
ネービーマイルドの茶色(14) 13g、白(1) 20g
化繊綿
9mmのプラスチックアイ(茶色)を2個
12mmの鼻(黒)を1個
［トライカラー］（糸＝後正産業）
ピエロ純毛並太・2の白(1) 12g、
黒(36) 14g、茶色(30) 4g
化繊綿
9mmのプラスチックアイ(茶色)を2個
12mmの鼻(黒)を1個

＊用具
かぎ針4/0号

＊作り方順序
［ブレンハイム］
1 各パーツを編む
2 頭と体、足に綿を入れる
3 頭に目をつける
4 口に鼻をつけ、綿を入れる
5 頭に口を巻きかがりでつける
6 頭に体を巻きかがりでつける
7 体に足としっぽを巻きかがりでつける
8 厚紙に毛糸を巻き、耳を作る
9 頭に耳を巻きかがりでつける
［トライカラー］
1、2 は同じ
3 頭に目とまゆげをつける
4、5 は同じ
6 体の最後の段に残り糸を通し、
　絞ってとめる
7 頭の最後の段に残り糸を通し、
　軽く絞って体に巻きかがりでつける
8 体に足としっぽを巻きかがりでつける
耳の作り方とつけ方は同じ

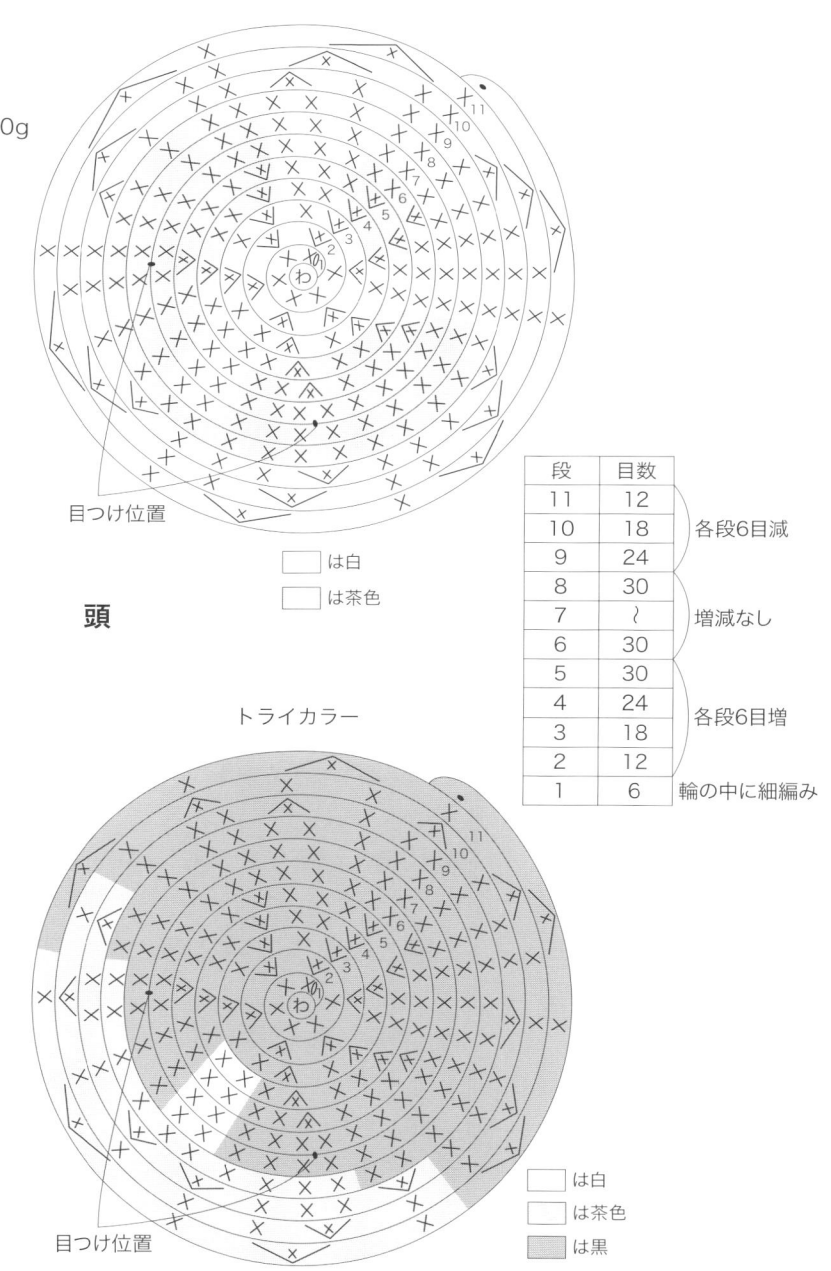

ブレンハイム

目つけ位置

□ は白
□ は茶色

頭

トライカラー

目つけ位置

□ は白
□ は茶色
■ は黒

段	目数	
11	12	各段6目減
10	18	
9	24	
8	30	増減なし
7	〜	
6	30	
5	30	各段6目増
4	24	
3	18	
2	12	
1	6	輪の中に細編み

体

ブレンハイム

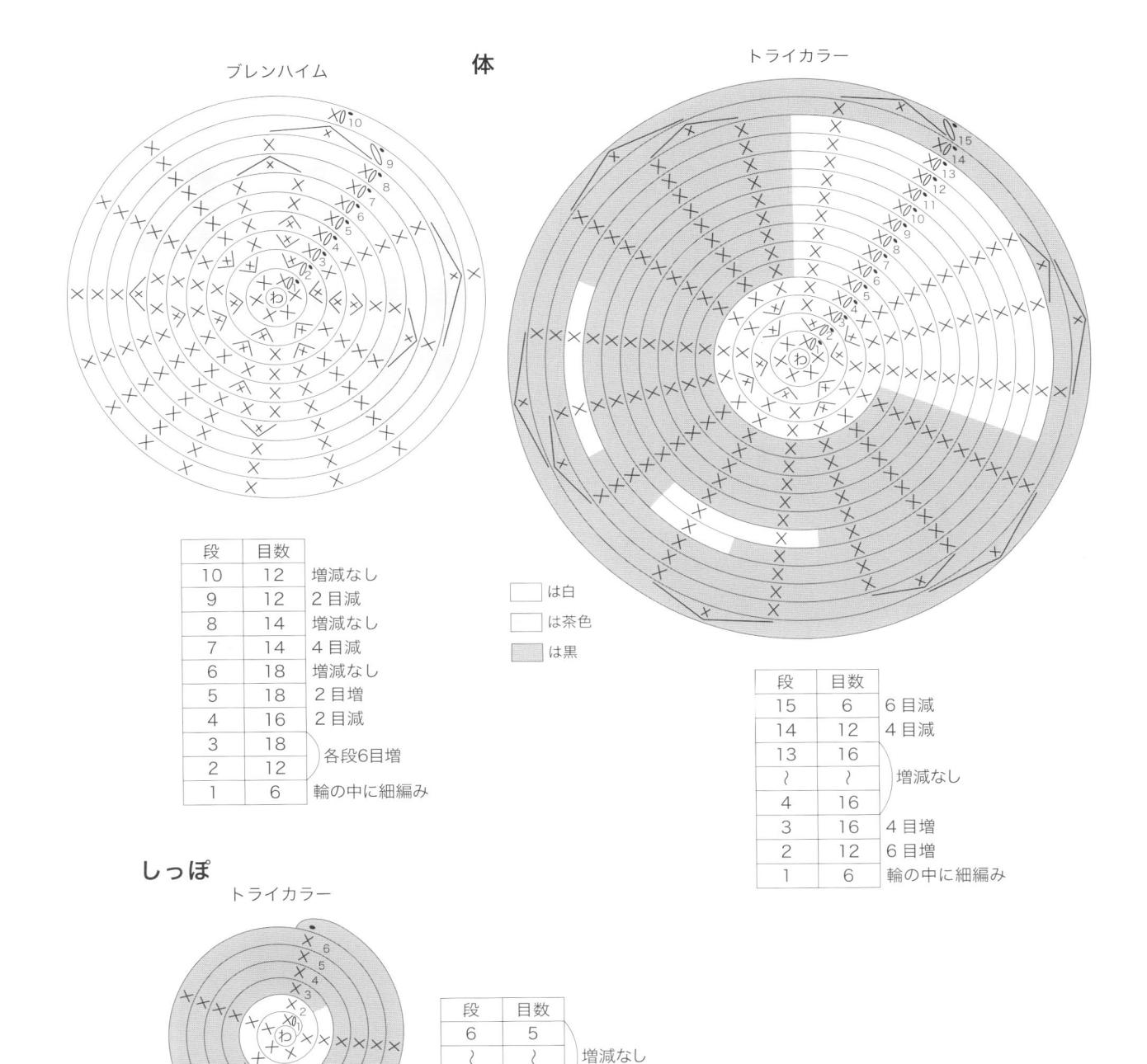

トライカラー

段	目数	
10	12	増減なし
9	12	2目減
8	14	増減なし
7	14	4目減
6	18	増減なし
5	18	2目増
4	16	2目減
3	18	各段6目増
2	12	
1	6	輪の中に細編み

☐ は白
☐ は茶色
▨ は黒

段	目数	
15	6	6目減
14	12	4目減
13	16	増減なし
〜	〜	
4	16	
3	16	4目増
2	12	6目増
1	6	輪の中に細編み

しっぽ

トライカラー

段	目数	
6	5	増減なし
〜	〜	
2	5	
1	5	輪の中に細編み

＊ブレンハイムは白1色で編む

耳（2つ）

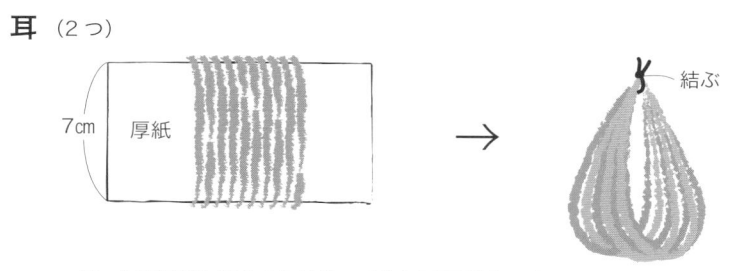

7cm ／ 厚紙

→ 結ぶ

7cm幅の厚紙に茶色または黒の毛糸を10回巻きつけ、はずして毛糸で結ぶ

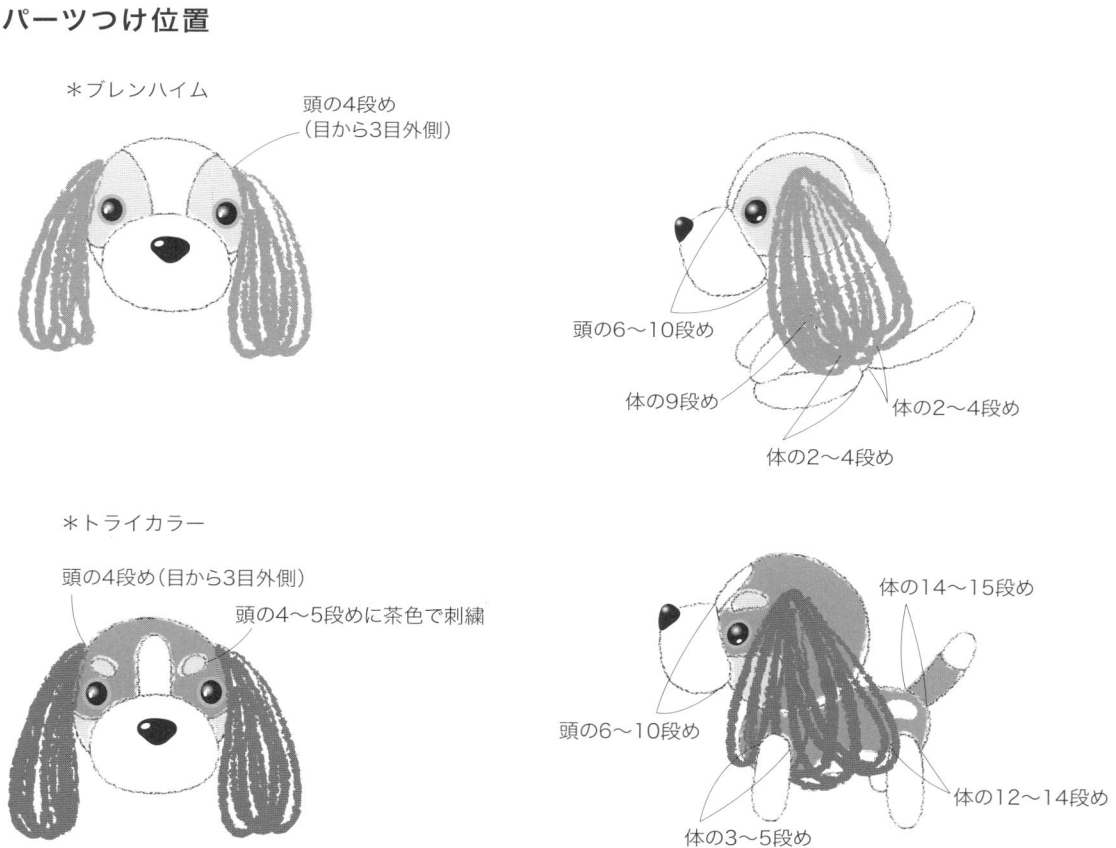

各パーツつけ位置

＊ブレンハイム

頭の4段め（目から3目外側）

頭の6〜10段め
体の9段め
体の2〜4段め
体の2〜4段め

＊トライカラー

頭の4段め（目から3目外側）
頭の4〜5段めに茶色で刺繍

頭の6〜10段め
体の14〜15段め
体の12〜14段め
体の3〜5段め

ラブラドール・レトリーバー　⇨写真16ページ

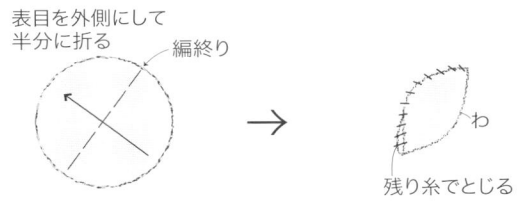

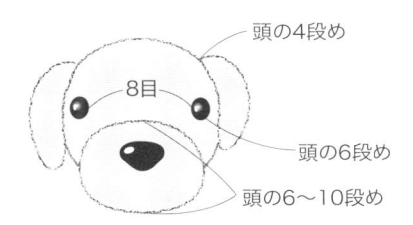

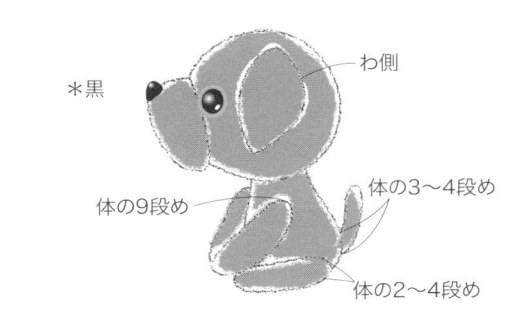

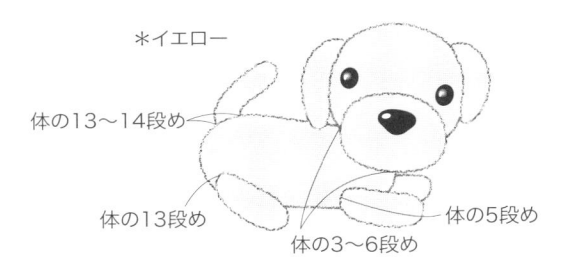

＊頭と口の編み方はミニチュア・ダックスフンドと同じ。
体と足は黒は柴と同じ、イエローはチワワの立ち犬と
同じに編む。しっぽはチワワと同じ。すべて単色で編む

＊材料(糸＝ハマナカ)
[イエロー]
ピッコロのベージュ(16) 12g
化繊綿
6mmの山高ボタン(黒)を2個
12mmの鼻(黒)を1個
[黒]
ピッコロの黒(20) 11g
化繊綿
9mmのプラスチックアイ(茶色)を2個
12mmの鼻(黒)を1個

＊用具
かぎ針4/0号

＊作り方順序
[イエロー]
1　各パーツを編む
2　頭と体、足に綿を入れる
3　頭に目をつける
4　口に鼻をつけ、綿を入れる
5　頭に口を巻きかがりでつける
6　体の最後の段に残り糸を通し、
　　絞ってとめる
7　頭の最後の段に残り糸を通し、
　　軽く絞って体に巻きかがりでつける
8　体に足を巻きかがりでつける
9　耳を半分に折り、残り糸でとじる
10　頭と体に耳としっぽを巻きかがりでつける
[黒]
1～5は同じ
6　頭に体を巻きかがりでつける
後は8～10と同じ

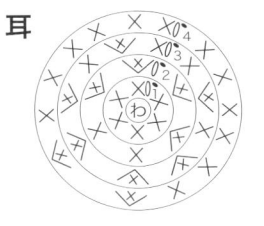

耳

(2枚)

段	目数	
4	14	2目減
3	16	6目増
2	10	4目増
1	6	輪の中に細編み

表目を外側にして
半分に折る
編終り
→
残り糸でとじる
わ

各パーツつけ位置

頭の4段め
8目
頭の6段め
頭の6～10段め

＊黒
わ側
体の9段め
体の3～4段め
体の2～4段め

＊イエロー
体の13～14段め
体の13段め
体の5段め
体の3～6段め

ミニチュア・ダックスフント

⇨写真12ページ

*クリームはすべて単色で編む。
レッドは耳としっぽを色変えする。
ブラック&タン、チョコ&クリームは
口、足先、まゆげを色変えする

*材料(糸=ハマナカ)
コットンノックの
[レッド]は茶色(8)10g、チョコレート色(9) 4g
[ブラック&タン]は黒(10)10g、茶色(8) 4g
[クリーム]はベージュ(7)13g
[チョコ&クリーム]はチョコレート色(9)10g、
ベージュ(7) 4g
化繊綿
[レッド][クリーム][チョコ&クリーム]は
6mmの山高ボタン(黒)を各2個
[ブラック&タン]は
9mmのプラスチックアイ(茶色)を2個
[レッド][クリーム][チョコ&クリーム]は
12mmの鼻(茶色)を1個
[ブラック&タン]は12mmの鼻(黒)を1個

*用具
かぎ針4/0号

*作り方順序(4種共通)
1 各パーツを編む
2 頭と体に綿を入れる
3 頭に目をつける。
  [ブラック&タン]と[チョコ&クリーム]は
  まゆげをつける
4 口に鼻をつけ、綿を入れる
5 頭に口を巻きかがりでつける
6 体の最後の段に残り糸を通し、
  絞ってとめる
7 頭の最後の段に残り糸を通し、
  軽く絞って体に巻きかがりでつける
8 体に足を巻きかがりでつける
9 耳を半分に折り、残り糸でとじる
10 頭と体に耳としっぽを巻きかがりでつける

口

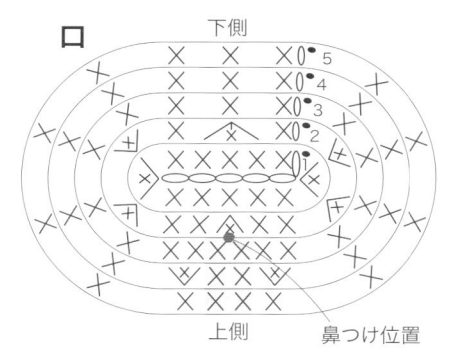

ブラック&タンは黒
チョコ&クリームはチョコレート色

段	目数	
5	15	増減なし
4	15	2目減
3	17	増減なし
2	17	3目増
1	14	鎖5目の回りに細編み

体

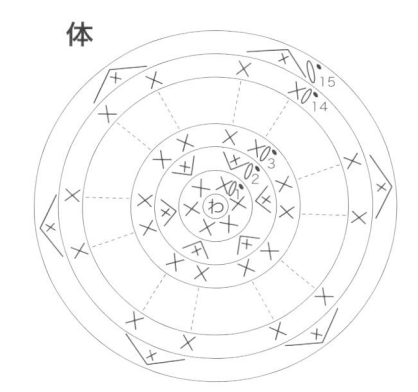

段	目数	
15	6	6目減
14	12	増減なし
〜	〜	
3	12	
2	12	6目増
1	6	輪の中に細編み

耳

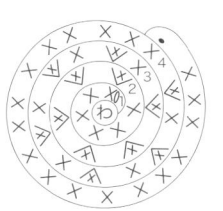

(2枚)

段	目数	
4	18	増減なし
3	18	各段6目増
2	12	
1	6	輪の中に細編み

*耳の作り方はP.53参照

しっぽ

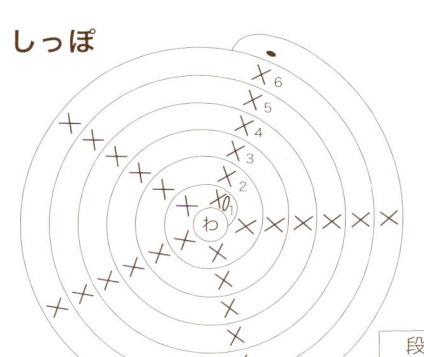

段	目数	
6	5	増減なし
〜	〜	
2	5	
1	5	輪の中に細編み

頭

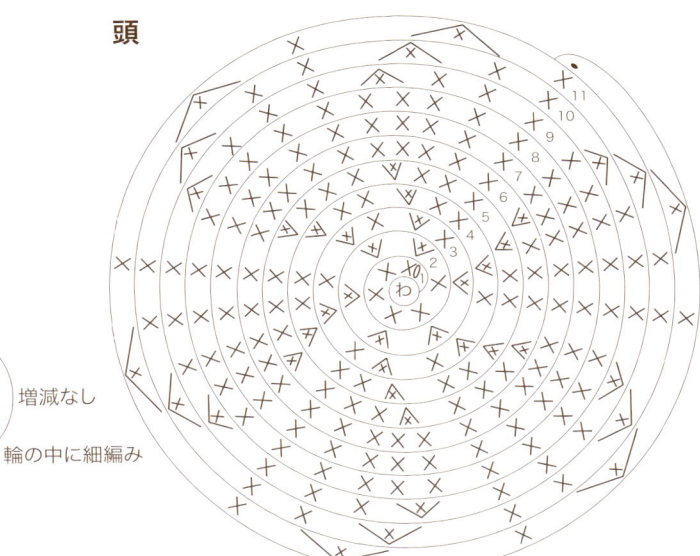

段	目数	
11	12	各段6目減
10	18	
9	24	
8	30	増減なし
7	〜	
6	30	
5	30	
4	24	各段6目増
3	18	
2	12	
1	6	輪の中に細編み

足

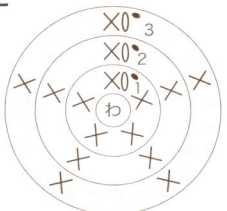

(4本)

段	目数	
3	5	増減なし
2	5	
1	5	輪の中に細編み

□ ブラック&タンは黒
チョコ&クリームはチョコレート色

各パーツつけ位置

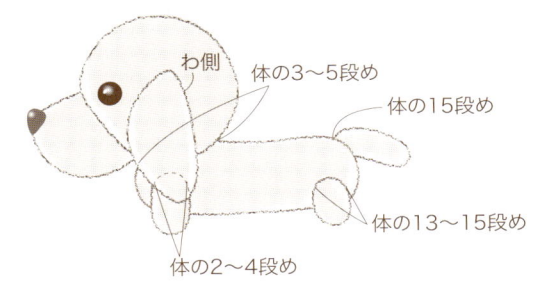

わ側
体の3〜5段め
体の15段め
体の2〜4段め
体の13〜15段め

*クリーム
*レッド

8目
頭の6段め
頭の6段め（目から3目外側）
頭の6〜10段め

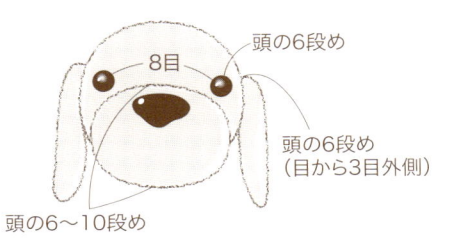

*ブラック&タン
*チョコ&クリーム

頭の5段め
目の上の細編み
2目分を足先と
同じ色で刺繍
*その他はクリームと
　同じ

シベリアン・ハスキー　⇨写真14ページ

*口としっぽ、グレーの体の編み方は柴と同じ。
口は白1色で編む

材料(糸＝後正産業)
ピエロ純毛並太・2の[グレー]はグレー(34)13g、
白(1)13g　[黒]は黒(36)17g、白(1)13g
化繊綿
9mmのプラスチックアイ(青)を各2個
12mmの鼻(黒)を各1個

用具
かぎ針4/0号

作り方順序
[グレー]
1　各パーツを編む
2　頭と体、足に綿を入れる
3　頭に目をつけ、みけんの筋を刺繍する
4　口に鼻をつけ、綿を入れる
5　頭に口を巻きかがりでつける
6　頭に体を巻きかがりでつける
7　体に足を巻きかがりでつける
8　頭と体に耳としっぽを巻きかがりでつける
[黒]
1〜5は同じ
6　体の最後の段に残り糸を通し、
　　絞ってとめる
7　頭の最後の段に残り糸を通し、
　　軽く絞って体に巻きかがりでつける
8　体に足を巻きかがりでつける
9　頭と体に耳としっぽを巻きかがりでつける

頭

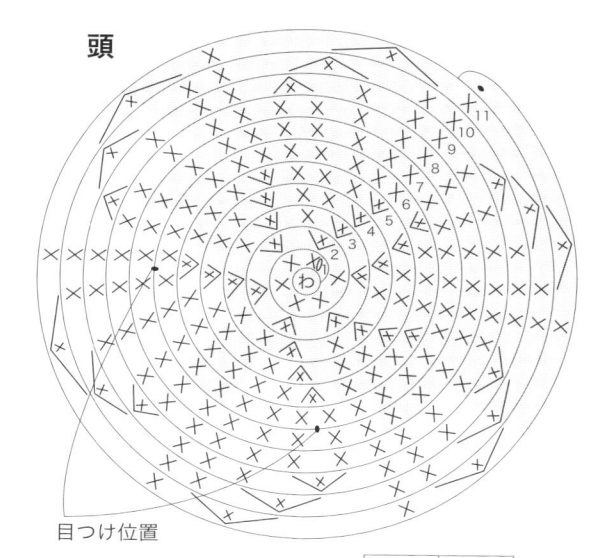

目つけ位置

□ は白
□ はグレーまたは黒

段	目数	
11	12	各段6目減
10	18	
9	24	
8	30	増減なし
7	〃	
6	30	
5	30	各段6目増
4	24	
3	18	
2	12	
1	6	輪の中に細編み

耳

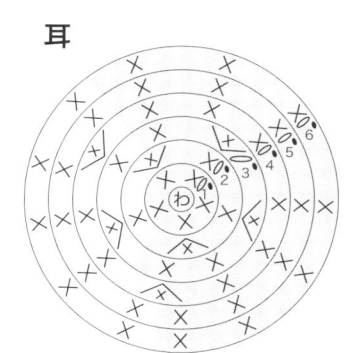

(2枚)

段	目数	
6	12	増減なし
5	12	
4	12	2目増
3	10	3目増
2	7	2目増
1	5	輪の中に細編み

黒の体

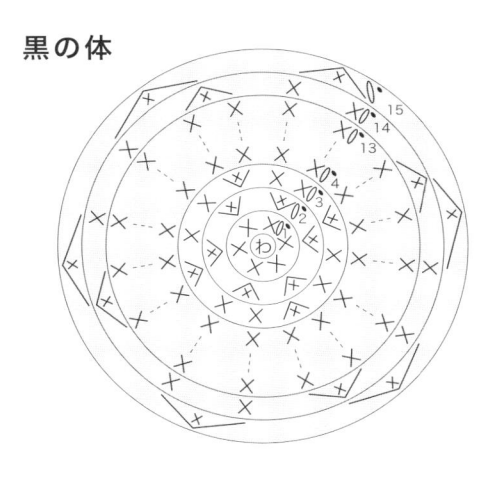

段	目数	
15	6	6目減
14	12	4目減
13	16	
～	～	増減なし
4	16	
3	16	4目増
2	12	6目増
1	6	輪の中に細編み

足

グレーの前足（2本）

段	目数	
7	5	
～	～	増減なし
2	5	
1	5	輪の中に細編み

＊7段めグレー

グレーの後ろ足（2本）、黒の足（4本）

段	目数	
6	5	
～	～	増減なし
2	5	
1	5	輪の中に細編み

＊6段めグレーまたは黒

各パーツつけ位置

頭の2～7段めに白糸1本で刺繍

頭の2～6段め

頭の6～10段め

＊黒

体の14段め

体の3～5段め

体の12～14段め

＊グレー

体の9段め

体の2段め

体の2～4段め

マルチーズ ⇨写真18ページ

*頭と口はミニチュア・ダックスフントと同じ。
お座り犬の体と足は柴と同じに単色で編む。
伏せ犬の体と足はチワワの立ち犬と同じ

＊材料（糸＝ハマナカ）
アーバンライフ　クラフトモヘアの白(1)
［お座り犬］は10g　［伏せ犬］は12g
化繊綿
フェルト(赤)　1.5×2cmを各2枚
赤い糸
6mmの山高ボタン(黒)を各2個
12mmの鼻(黒)を各1個

＊用具
かぎ針4/0号

＊作り方順序
［お座り犬］
1　各パーツを編む
2　頭と体、足に綿を入れる
3　頭に目をつける
4　口は編み目の裏側を表にして鼻をつけ、綿を入れる
5　頭に口を巻きかがりでつける
6　頭に体を巻きかがりでつける
7　体に足を巻きかがりでつける
8　厚紙に毛糸を巻き、耳としっぽを作る
9　頭に耳を巻きかがりでつける
10　体にしっぽを巻きかがりでつけ、先はねじってボンドでつける
11　リボンを作り、耳にボンドでつける

［伏せ犬］
1～5は同じ
6　体の最後の段に残り糸を通し、絞ってとめる
7　頭の最後の段に残り糸を通し、軽く絞って体に巻きかがりでつける
8　体に足を巻きかがりでつける
耳、しっぽ、リボンの作り方とつけ方は同じ

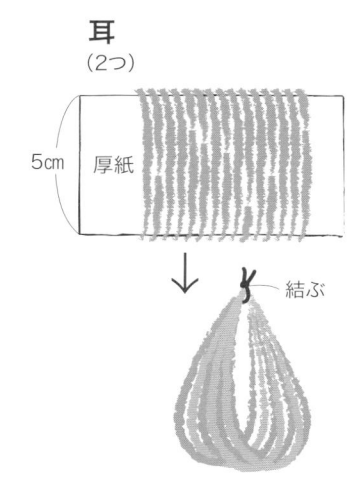

耳（2つ）

5cm幅の厚紙に毛糸を15回巻きつけ、厚紙からはずして結ぶ

各パーツつけ位置

頭の6段め
頭の4段め
8目
頭の6～10段め

しっぽ

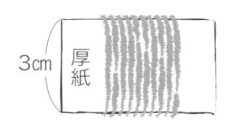

3cm幅の厚紙に毛糸を10回巻きつけ、厚紙からはずして結ぶ

リボン（2つ）

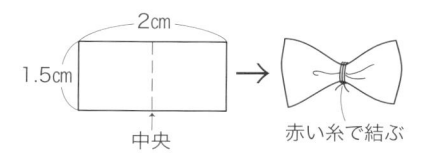

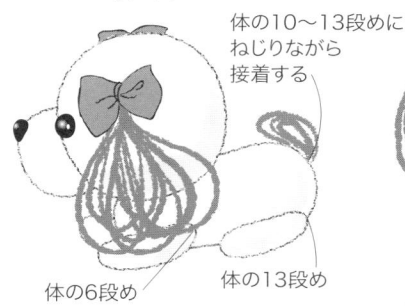

2cm
1.5cm
中央
→ 赤い糸で結ぶ

＊伏せ犬
体の10～13段めにねじりながら接着する
体の6段め
体の13段め

＊お座り犬
体の9段め
体の2～5段めにねじりながら接着する
体の2～4段め

ビーグルの子ども ⇨写真24ページ

＊口と耳はミニチュア・ダックスフントと同じに
口は白、耳は黒で編む。足はビーグルの親の後ろ足と同じ、
しっぽはチワワと同じに1〜2段めを白、
3〜6段めを黒で編む

＊材料（糸＝ハマナカ）
純毛中細の白(1) 3g、黒(20) 7g、茶色(4) 3g
化繊綿
4mmの目（黒）を2個
9mmの鼻（黒）を1個

＊用具
かぎ針3/0号

＊作り方順序
1　各パーツを編む
2　頭と体、足に綿を入れる
3　頭に目をつける
4　口に鼻をつけ、綿を入れる
5　頭に口を巻きかがりでつける
6　体の最後の段に残り糸を通し、
　　絞ってとめる
7　頭の最後の段に残り糸を通し、軽く絞って
　　体に巻きかがりでつける
8　体に足を巻きかがりでつける
9　耳を半分に折り、残り糸でとじ、
　　茶色の糸で外回りを1周ボンドでつける
10　頭と体に耳としっぽを巻きかがりでつける

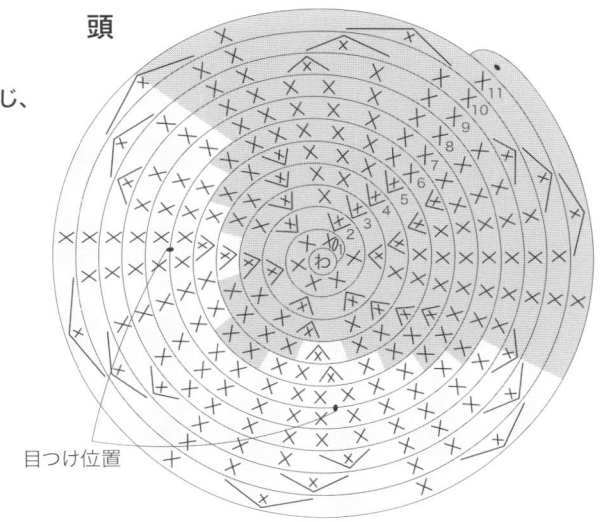

各パーツつけ位置

頭の6〜10段め
頭の6段め（目から3目外側）
体の3〜7段め
体の13〜14段め
体の14段め
体の5段め
わ側

頭

目つけ位置

□は白
□は茶色
■は黒

段	目数	
11	12	各段6目減
10	18	
9	24	
8	30	増減なし
7	〜	
6	30	
5	30	
4	24	各段6目増
3	18	
2	12	
1	6	輪の中に細編み

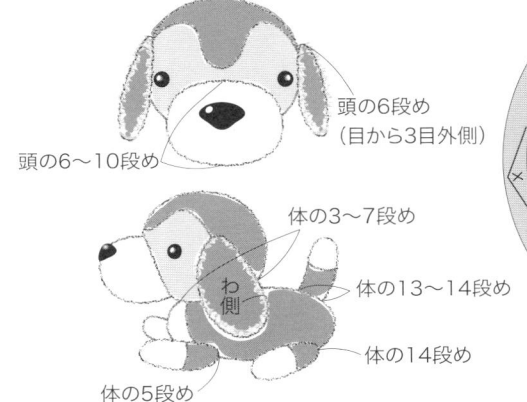

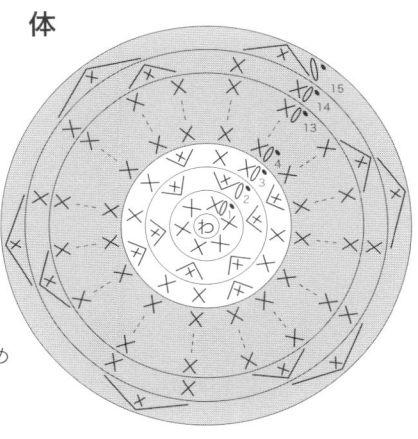

体

段	目数	
15	6	6目減
14	12	4目減
13	16	増減なし
〜	〜	
4	16	
3	16	4目増
2	12	6目増
1	6	輪の中に細編み

ビーグルの親 ⇨写真24ページ

*口と耳はミニチュア・ダックスフントと同じに
口は白、耳は茶色で編む

*材料(糸=ハマナカ)
ピッコロの茶色(21)10g、白(1)5g、黒(20)3g
化繊綿
6mmの山高ボタン(黒)を2個
12mmの鼻(黒)を1個

*用具
かぎ針4/0号

*作り方順序
1 各パーツを編む
2 頭と体、足に綿を入れる
3 頭に目をつける
4 口に鼻をつけ、綿を入れる
5 頭に口を巻きかがりでつける
6 頭に体を巻きかがりでつける
7 体に足を巻きかがりでつける
8 耳を半分に折り、残り糸でとじる
9 頭と体に耳としっぽを巻きかがりでつける

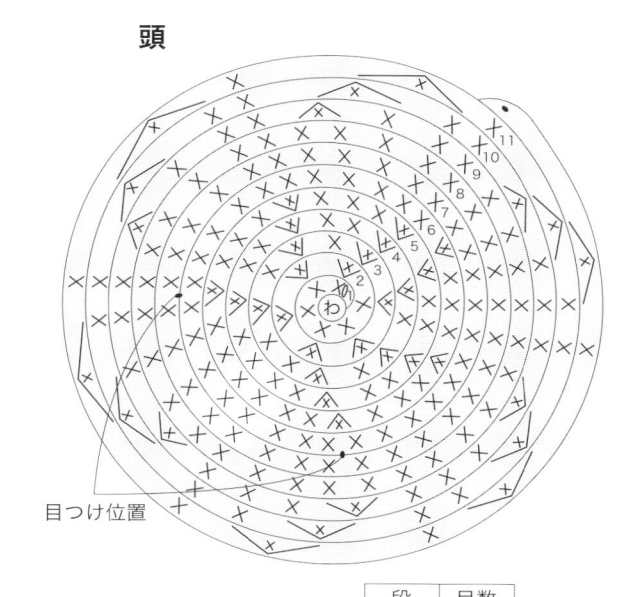

頭

目つけ位置

□ は白
□ は茶色

段	目数	
11	12	各段6目減
10	18	
9	24	
8	30	増減なし
7	〃	
6	30	
5	30	各段6目増
4	24	
3	18	
2	12	
1	6	輪の中に細編み

足

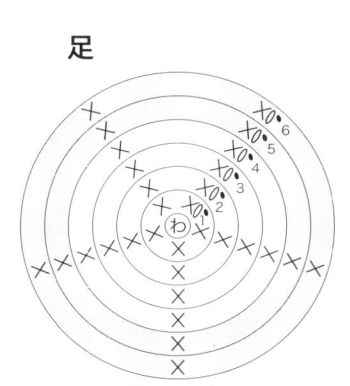

*後ろ足の場合

前足(2本)
*1〜5段は白、
6〜7段は茶色で編む

段	目数	
7	5	増減なし
〜	〜	
2	5	
1	5	輪の中に細編み

後ろ足(2本)

段	目数	
6	5	増減なし
〜	〜	
2	5	
1	5	輪の中に細編み

体

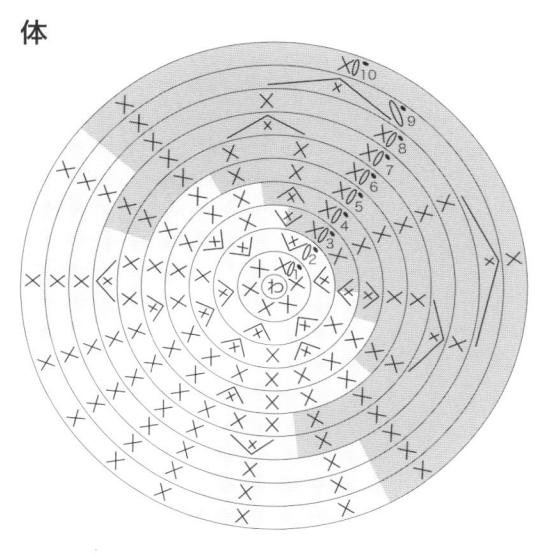

段	目数	
10	12	増減なし
9	12	2目減
8	14	増減なし
7	14	4目減
6	18	増減なし
5	18	2目増
4	16	2目減
3	18	各段6目増
2	12	
1	6	輪の中に細編み

しっぽ

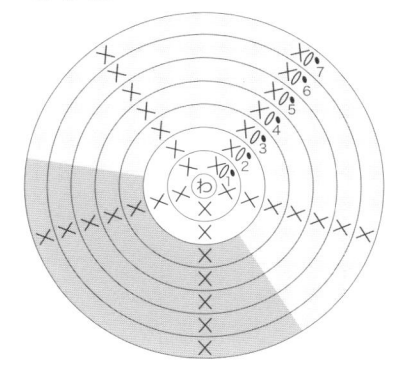

段	目数	
7	5	増減なし
〜	〜	
2	5	
1	5	輪の中に細編み

☐ は白
☐ は茶色
■ は黒

各パーツつけ位置

頭の6段め（目から3目外側）

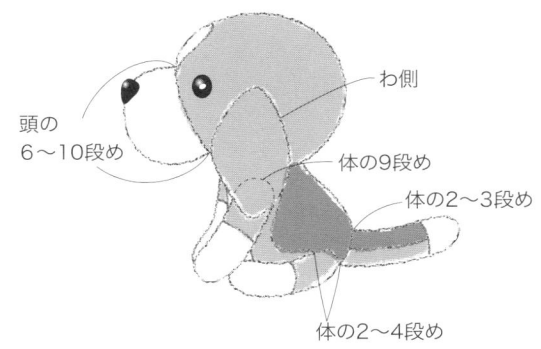

わ側
頭の6〜10段め
体の9段め
体の2〜3段め
体の2〜4段め

ミニチュア・シュナウザー

⇨写真20ページ

*体はチワワの立ち犬と同じで黒またはグレー1色で編む

＊材料(糸＝後正産業)
ピエロ純毛並太・2の
［ソルト＆ペッパー］はグレー（33）20g、白(1) 8g
［ブラック＆シルバー］は黒(36) 20g、白(1) 8g
化繊綿
6mmの山高ボタン(黒)を各2個
12mmの鼻(黒)を各1個

＊用具
かぎ針4/0号

＊作り方順序（共通）
1. 各パーツを編む
2. 頭と体、足に綿を入れる
3. 頭に目とまゆげをつける
4. 口に鼻をつけ、綿を入れる
5. 頭に口を巻きかがりでつける
6. 体の最後の段に残り糸を通し、絞ってとめる
7. 頭の最後の段に残り糸を通し、軽く絞って体に巻きかがりでつける
8. 体に足を巻きかがりでつける
9. 頭と体に耳としっぽを巻きかがりでつける
10. 口にひげを縫いつけてボンドで固定し、毛先を切りそろえる

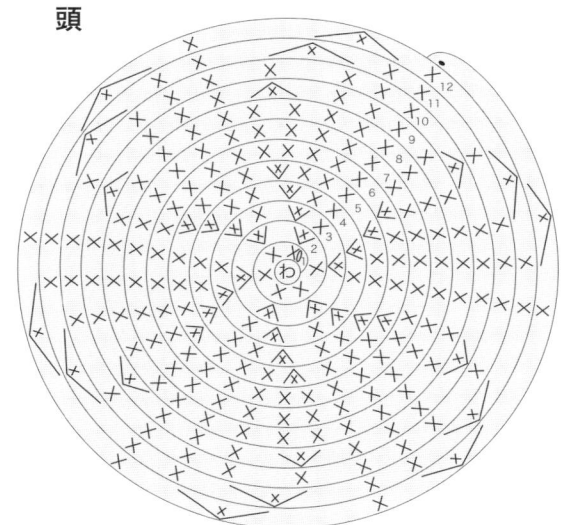

頭

□ は白
□ は黒またはグレー

段	目数	
12	12	各段6目減
11	18	
10	24	増減なし
9	24	6目減
8	30	増減なし
7	〜	
6	30	
5	30	各段6目増
4	24	
3	18	
2	12	
1	6	輪の中に細編み

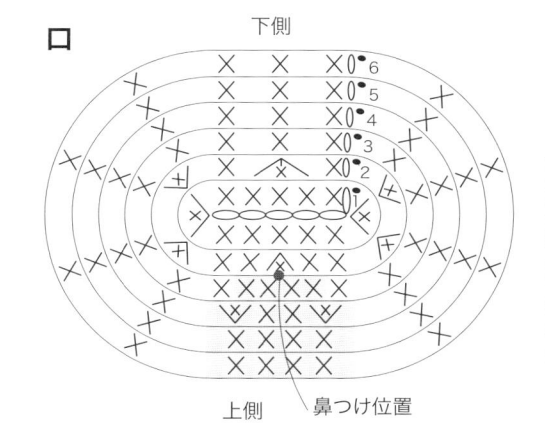

口

下側
上側
鼻つけ位置

段	目数	
6	15	増減なし
5	15	
4	15	2目減
3	17	増減なし
2	17	3目増
1	14	鎖5目の回りに細編み

耳

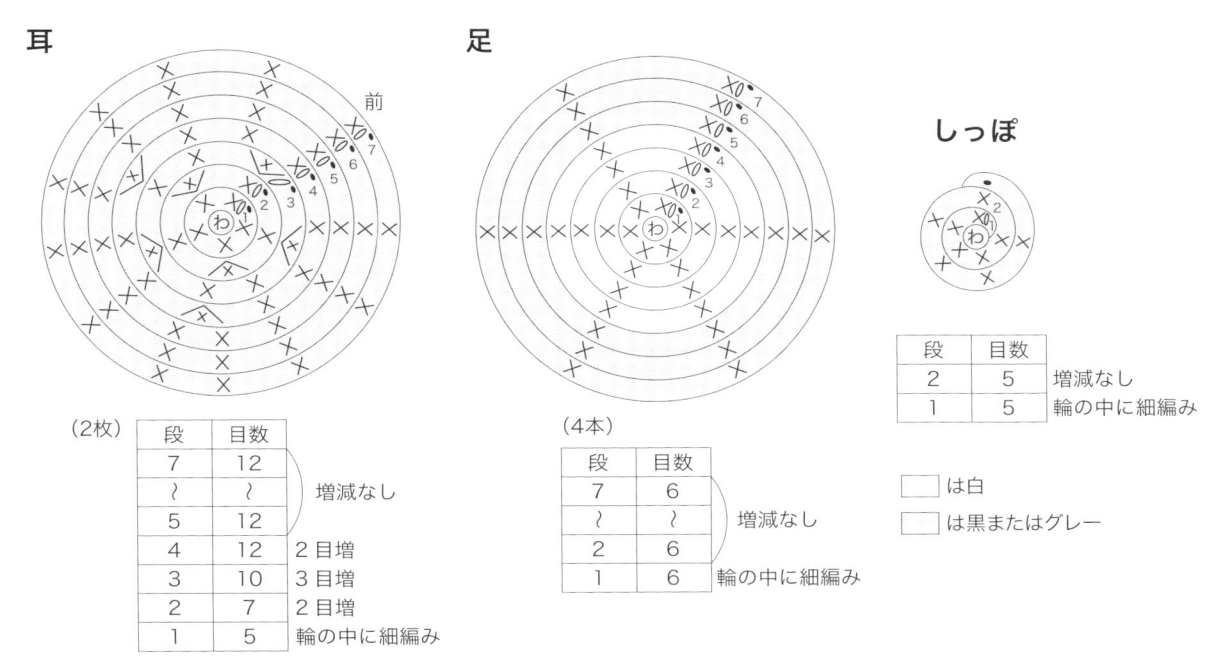

(2枚)

段	目数	
7	12	
～	～	増減なし
5	12	
4	12	2目増
3	10	3目増
2	7	2目増
1	5	輪の中に細編み

足

(4本)

段	目数	
7	6	
～	～	増減なし
2	6	
1	6	輪の中に細編み

しっぽ

段	目数	
2	5	増減なし
1	5	輪の中に細編み

□ は白
■ は黒またはグレー

各パーツつけ位置

- 8目
- 頭の4～5段めに白糸2本どりで細編み3目分ストレート・ステッチ
- 頭の6段め

＊ひげのつけ方
① 境目に毛糸1本を通して結ぶ
② 糸を接着する
③ カットして切りそろえる

＊ブラック＆シルバー
- 頭の2～6段め
- 体の3～6段め
- 体の13～14段め
- 頭の6～11段め
- 体の11～13段め
- 体の3～5段め

＊ソルト＆ペッパー
- 耳の先は目の2目外側に縫いとめる立上りの目は内側に隠れるようにする
- 体の6段め
- 体の14段め

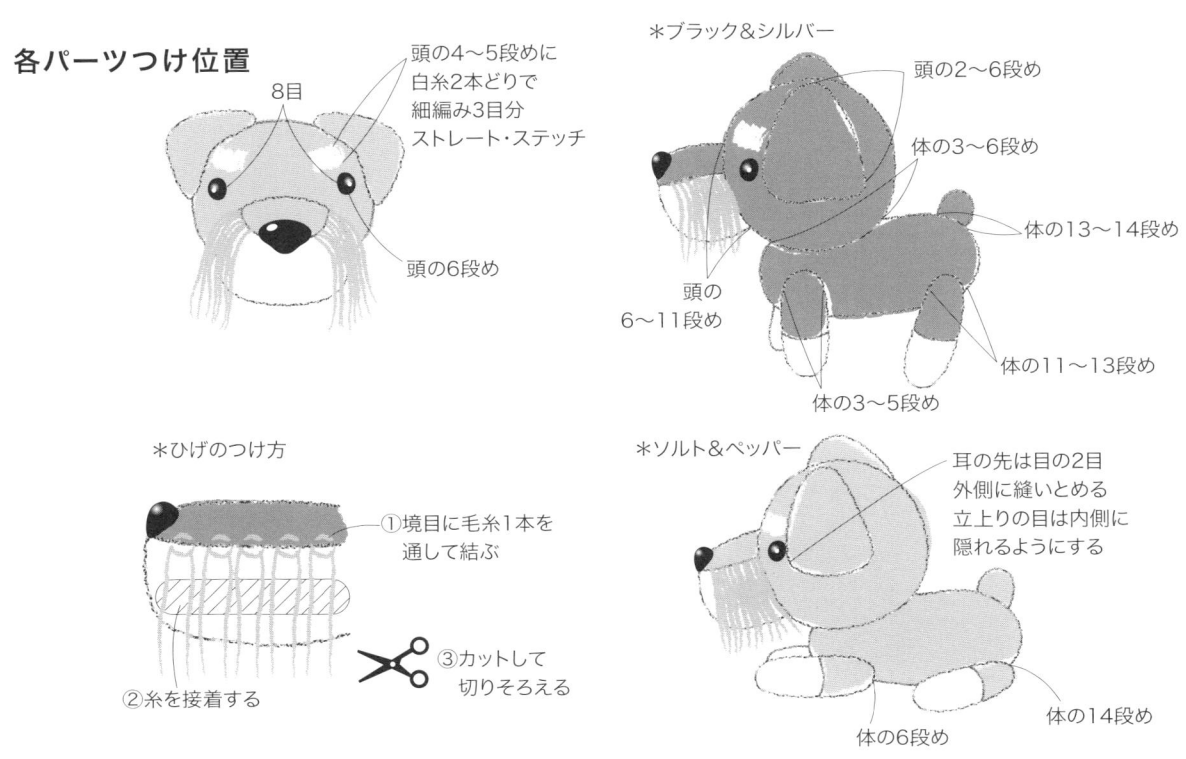

フレンチ・ブルドッグ　⇨写真22ページ

*口と足、お座り犬の体は柴と同じに白1色で編む。
ただし、伏せ犬の足は4本とも6段まで。
しっぽはウェルシュ・コーギーと同じ

＊材料(糸＝ハマナカ)(1匹分)
ピッコロの白(1)12g、黒(20)4g、ピンク(4)3g
化繊綿
9mmのプラスチックアイ(クリア)を2個
12mmの鼻(黒)を1個

＊用具
かぎ針4/0号

＊作り方順序
[お座り犬]
1　各パーツを編む
2　頭と体、足に綿を入れる
3　頭に目をつける。目の裏側には修正液を塗っておく
4　口は編み目の裏側を表にして鼻をつけ、綿を入れる
5　頭に口を巻きかがりでつける
6　頭に体を巻きかがりでつける
7　体に足を巻きかがりでつける
8　頭と体に耳としっぽを巻きかがりでつける
[伏せ犬]
1～5は同じ
6　体の最後の段に残り糸を通し、
　　絞ってとめる
7　頭の最後の段に残り糸を通し、
　　軽く絞って体に巻きかがりでつける
8　体に足を巻きかがりでつける
9　頭と体に耳としっぽを巻きかがりでつける
＊両方とも頭の1段めを3目くらい黒の糸で刺繍する

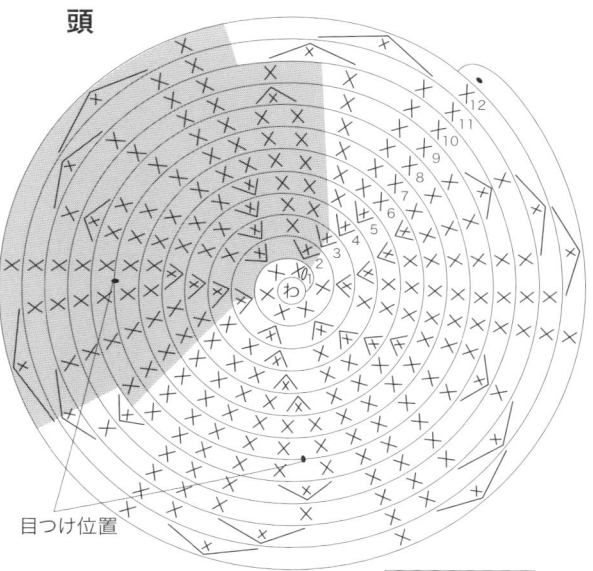

頭

目つけ位置

段	目数	
12	12	各段6目減
11	18	
10	24	増減なし
9	24	6目減
8	30	増減なし
7	〜	
6	30	
5	30	
4	24	各段6目増
3	18	
2	12	
1	6	輪の中に細編み

各パーツつけ位置

頭の3～6段め

伏せ犬の体

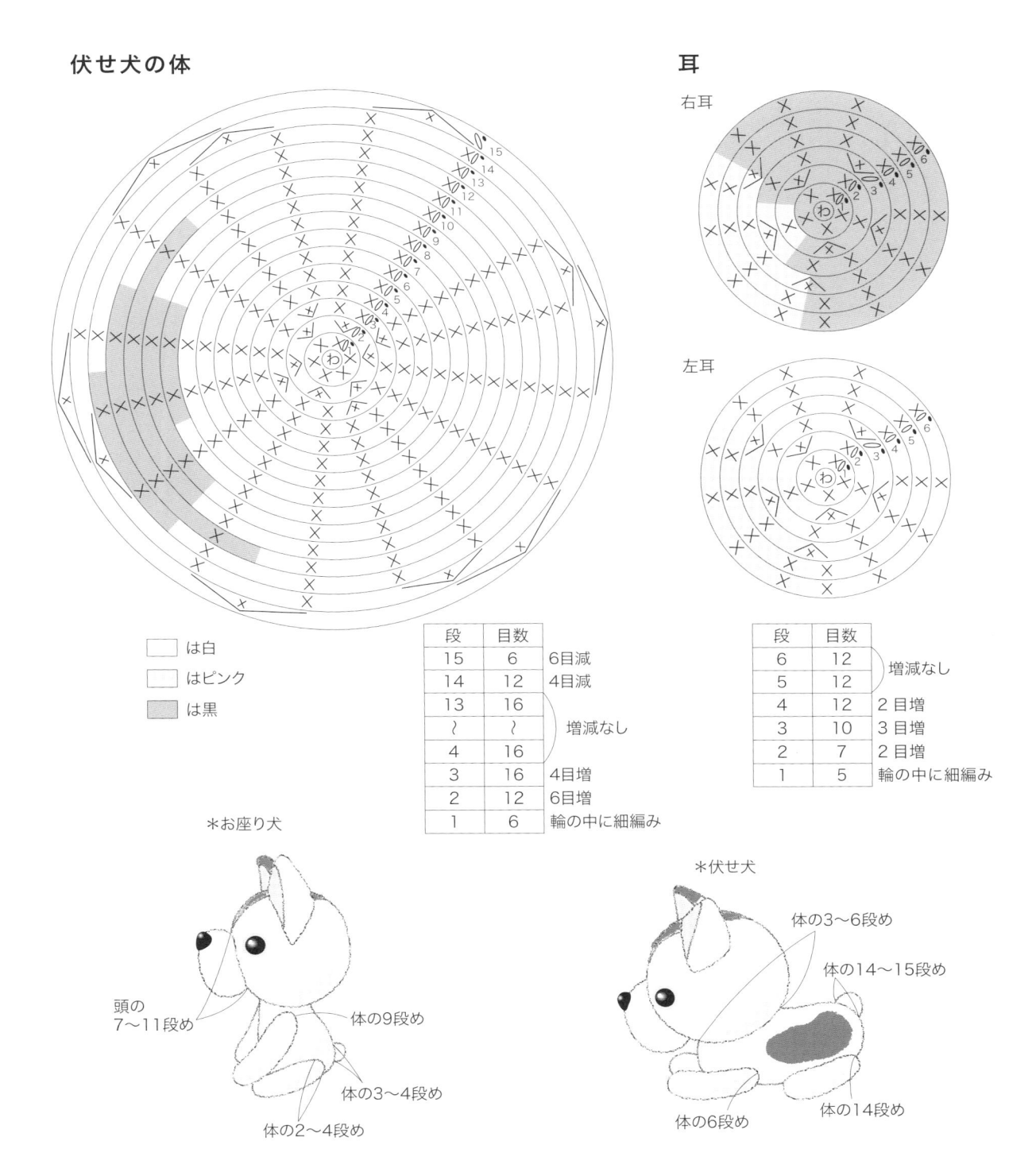

耳

右耳

左耳

□ は白
□ はピンク
▨ は黒

段	目数	
15	6	6目減
14	12	4目減
13	16	
〜	〜	増減なし
4	16	
3	16	4目増
2	12	6目増
1	6	輪の中に細編み

段	目数	
6	12	増減なし
5	12	
4	12	2目増
3	10	3目増
2	7	2目増
1	5	輪の中に細編み

*お座り犬

頭の7〜11段め
体の9段め
体の3〜4段め
体の2〜4段め

*伏せ犬

体の3〜6段め
体の14〜15段め
体の6段め
体の14段め

パグ　⇨写真26ページ

*立ち犬の体と足はチワワと同じ。お座り犬の足は柴と同じで単色で編む。黒の犬はすべて単色で編む

*材料(糸=ハマナカ)
[お座り犬の黒] ピッコロの黒(20) 12g　化繊綿
9mmのプラスチックアイ(茶色)を2個
12mmの鼻(黒)を1個
[お座り犬のフォーン]
ピッコロのベージュ(16) 9g、黒(20) 5g
それ以外は[お座り犬の黒]と同じ
[立ち犬の黒]
ピッコロの黒(20) 13g
9mmのプラスチックアイ(クリア)を2個
それ以外は[お座り犬の黒]と同じ
[立ち犬のフォーン]
ピッコロのベージュ(16) 10g、黒(20) 5g
9mmのプラスチックアイ(クリア)を2個
それ以外は[お座り犬の黒]と同じ

*用具
かぎ針4/0号

*作り方順序
[お座り犬]
1　各パーツを編む
2　頭と体、足に綿を入れる
3　頭に目をつける(白目は目の裏側に修正液を塗っておく)
4　口に鼻をつけ、綿を入れる
5　頭に口を巻きかがりでつける
6　頭に体を巻きかがりでつける
7　体に足を巻きかがりでつける
8　頭と体に耳としっぽを巻きかがりでつける
[立ち犬]
1〜5は同じ
6　体の最後の段に残り糸を通し、絞ってとめる
7　頭の最後の段に残り糸を通し、軽く絞って体に巻きかがりでつける
8　体に足としっぽを巻きかがりでつける
9　頭に耳を巻きかがりでつける

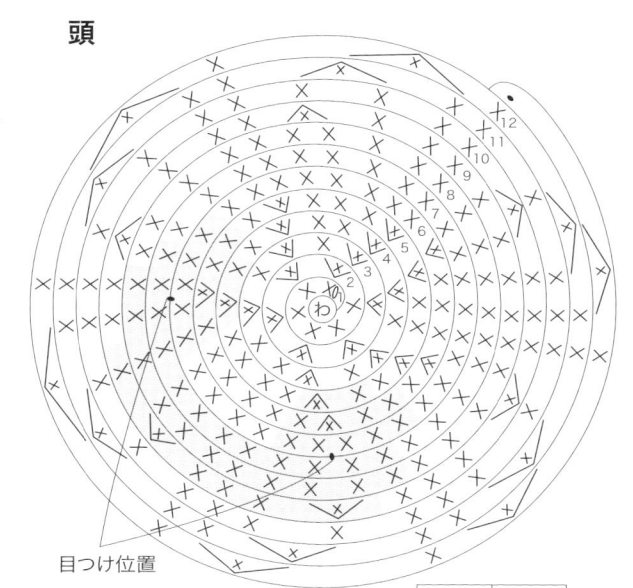

頭

□ はベージュ
□ は黒

段	目数	
12	12	各段6目減
11	18	
10	24	増減なし
9	24	6目減
8	30	
7	〜	増減なし
6	30	
5	30	
4	24	各段6目増
3	18	
2	12	
1	6	輪の中に細編み

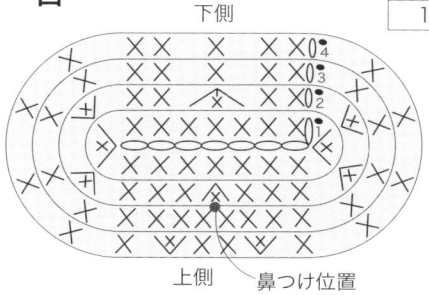

口　下側　上側　鼻つけ位置

段	目数	
4	19	2目減
3	21	増減なし
2	21	3目増
1	18	鎖7目の回りに細編み

お座り犬の体

耳

(2枚)

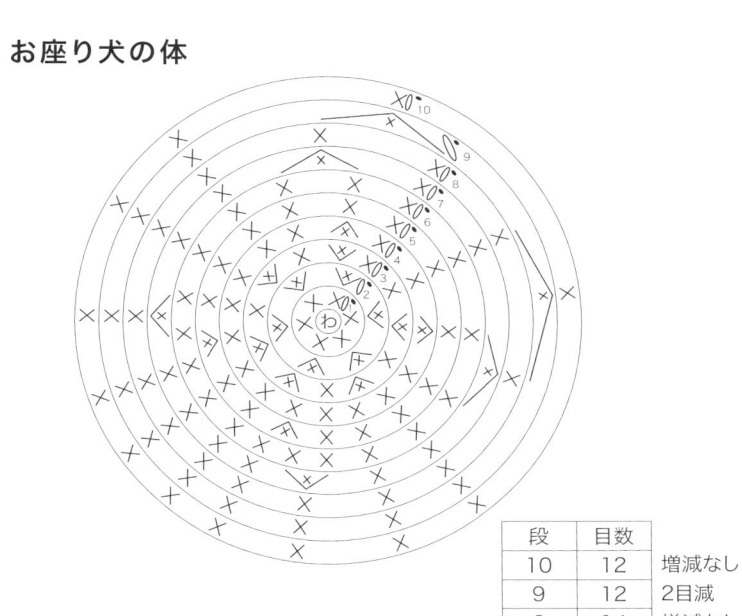

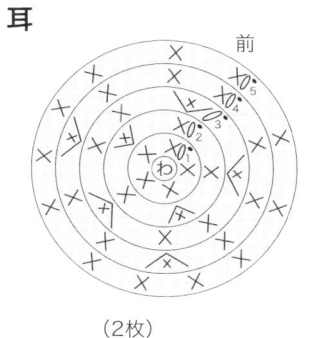

段	目数	
5	12	増減なし
4	12	2目増
3	10	3目増
2	7	2目増
1	5	輪の中に細編み

段	目数	
10	12	増減なし
9	12	2目減
8	14	増減なし
7	14	4目減
6	18	増減なし
5	18	2目増
4	16	2目減
3	18	各段6目増
2	12	
1	6	輪の中に細編み

しっぽ

1段…鎖6目の作り目に細編み6目

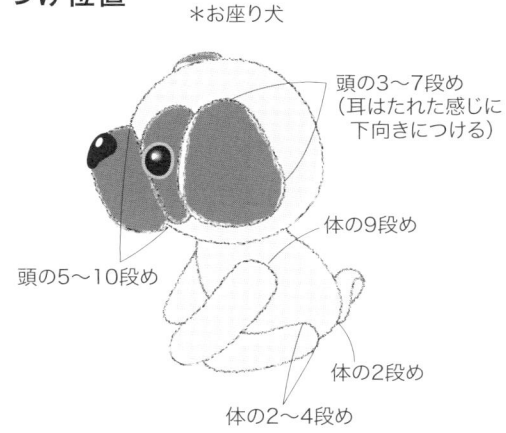

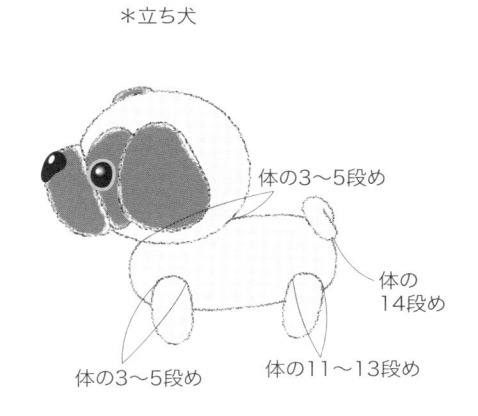

各パーツつけ位置

＊お座り犬

頭の3〜7段め
（耳はたれた感じに下向きにつける）
体の9段め
頭の5〜10段め
体の2段め
体の2〜4段め

＊立ち犬

体の3〜5段め
体の14段め
体の3〜5段め
体の11〜13段め

ハウス　⇨写真1ページ

＊材料
フェルトのオレンジ 13×30cm、
クリーム色 35×45cm
厚紙 35×40cm
25番刺繡糸のオレンジ

＊作り方順序
1. 厚紙を展開図どおりに切り、入り口を切り抜く
2. 本体の両面にクリーム色のフェルトを両面テープまたはボンドではり、厚紙の大きさに切りそろえる
3. オレンジのフェルトを屋根の厚紙より0.5cmずつ大きくなるように 13×15cm の大きさに2枚切る
4. 屋根の厚紙の両面にフェルトを両面テープまたはボンドではり、回りに刺繡糸2本どりでブランケット・ステッチをする
5. のり代の部分に両面テープをはって、本体を組み立てる
6. 屋根を折り、本体につける

本体

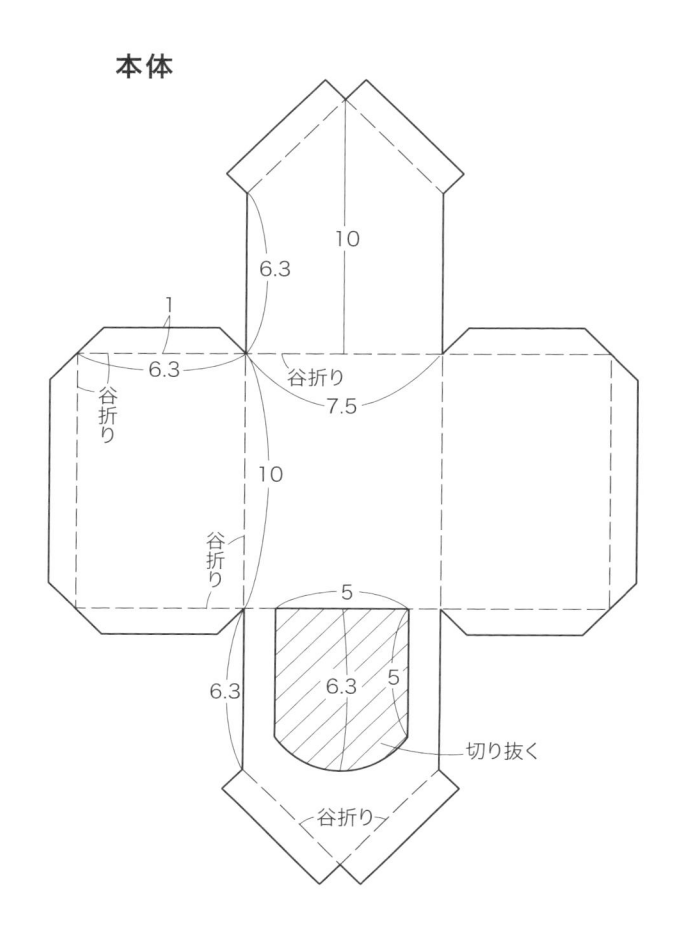

まとめ

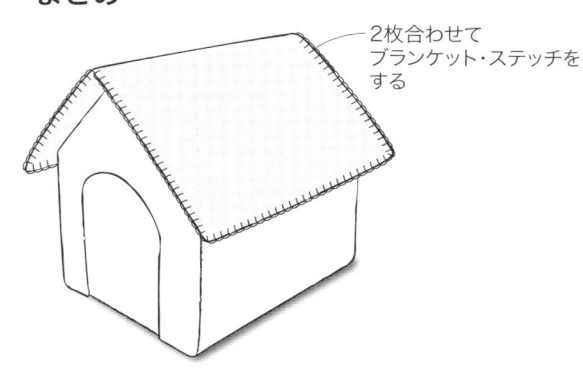

2枚合わせてブランケット・ステッチをする

屋根（厚紙）

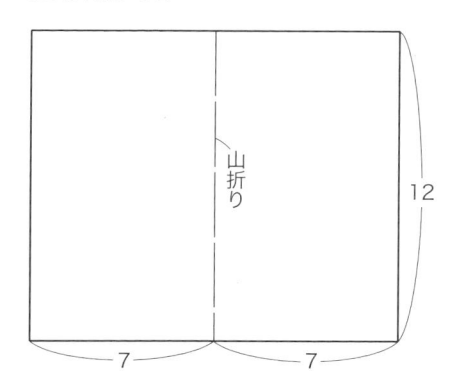

編み方の基礎

鎖編み
○

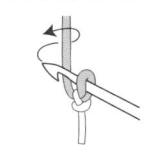

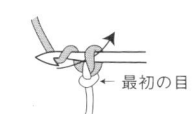

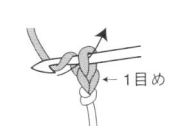

最初の目 ← 1目め ← 3目

最初の目は太い糸や特別なとき以外は目数に数えない

細編み
×

作り目　立上り1目

鎖1目で立ち上がって編む。立上りの1目は目数に数えない

立上りは目数に数えない

細編み2目編み入れる

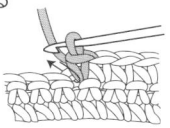

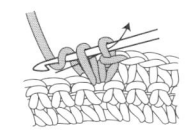

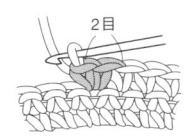

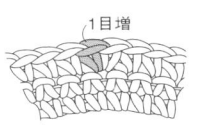

2目　1目増

細編み2目一度

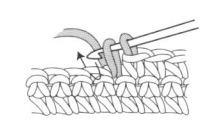

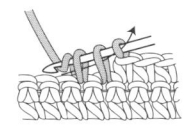

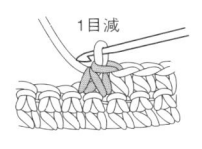

1目減

細編み3目一度

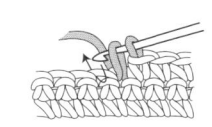

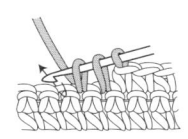

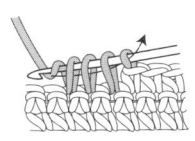

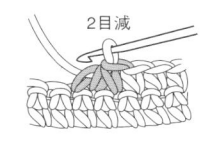

2目減

引抜き編み
●

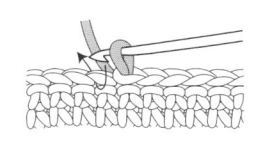

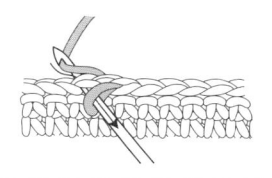

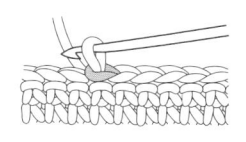

筋編み
×

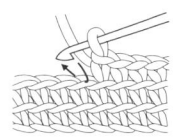

（細編みの前段の目の鎖半目をすくって細編み）

ほし☆みつき Mitsuki Hoshi

1999年、大好きだったミッキーマウスの編みぐるみキットを
買ったのをきっかけに、独学で編みぐるみを学ぶ。
同年、友人に見せてもらった編みぐるみ作家の本から影響を受け
「何でも毛糸で表現」を目標に、食べ物から動物まで、
何でも作れる編みぐるみ作家を目指す。
2002年より、犬だけの編みぐるみサイトを開設し、編み犬を中心に制作。
愛犬雑誌に多数掲載される。現在は編み犬教室も開催している。
http://hoshi-mitsuki.com/

[毛糸提供]
ハマナカ
京都市右京区花園薮ノ下町 2-3
tel.075-463-5151

装丁、レイアウト　岡山とも子
撮影　南雲保夫
トレース　day studio（ダイラクサトミ）
企画協力　種田心吾（リーブルテック・企画編集部）

Ami Ami Dogs
編み犬の毎日

2008年 9月14日　第 1 刷発行
2019年 4月25日　第19刷発行
著　者　ほし みつき
発行者　濱田 勝宏
発行所　学校法人文化学園 文化出版局
　　　　〒151-8524
　　　　東京都渋谷区代々木 3-22-1
　　　　tel.03-3299-2487（編集）
　　　　tel.03-3299-2540（営業）
印刷・製本所　株式会社リーブルテック

© Mitsuki Hoshi 2008 Printed in Japan
本書の写真、カット及び内容の無断転載を禁じます。

・本書のコピー、スキャン、デジタル化等の無断複製は著作権法上での
例外を除き、禁じられています。
　本書を代行業者等の第三者に依頼してスキャンやデジタル化をするこ
とは、たとえ個人や家庭内での利用でも著作権法違反になります。
・本書で紹介した作品の全部または一部を商品化、複製頒布、及びコン
クールなどの応募作品として出品することは禁じられています。
・撮影状況や印刷により、作品の色は実物と多少異なる場合があります。
ご了承ください。

文化出版局のホームページ　http://books.bunka.ac.jp/

材料が買えるお店

●カンダ手芸
ここでは目、鼻の小さいパーツも購入できます。
東京都中央区日本橋馬喰町 1-14-10
tel.03-3249-3802
http://homepage2.nifty.com/KandaShojiCom/

● Az-net手芸
ネットのお店。手芸材料が安く買えます。
http://www.rakuten.ne.jp/gold/az-netcc/

●後正産業　毛糸ピエロ通販部
愛知県一宮市北方町西金丸２０
ご注文専用フリーダイヤル　0120-108-540
毛糸ピエロ　楽天店 http://www.rakuten.co.jp/gosyo/

ほしみつきの本

Ami Ami Dogs
編み犬の毎日

Ami Ami Dogs
編み犬の毎日 2

Ami Ami Dogs
編み犬の毎日 3

スタークロッシェで
編むこもの
今村曜子 共著

かぎ針で編む
伝統柄のあみこみこもの
今村曜子 共著

編み犬といっしょ!
ちいさな犬のセーターとグッズ
DOG'S SWEATER &GOODS
今村曜子 共著

ちいさな犬に編みたい
あったかセーターと小物
今村曜子 共著